PONLE ORDEN A TU *CAOS*

CLAUDIA TORRE

PONLE ORDEN A TU *CAOS*

Organiza tu espacio, transforma tu vida

DIANA

Diseño de interiores: Guadalupe González
Formación: Liz Estrada
Diseño de portada: Planeta Arte & Diseño / Lisset Chavarria Jurado
Imagen de portada: © Getty Images
Fotografía de la autora: © Tatiana Mestre

Bajo el sello editorial DIANA M.R.
Avenida Presidente Masarik núm. 111,
Piso 2, Polanco V Sección, Miguel Hidalgo
C.P. 11560, Ciudad de México
www.planetadelibros.com.mx

Primera edición en formato epub: mayo de 2025
ISBN: 978-607-39-2904-2

Primera edición impresa en México: mayo de 2025
ISBN: 978-607-39-1974-6

Impreso en los talleres de Litográfica Ingramex, S.A. de C.V.
Centeno núm. 162-1, colonia Granjas Esmeralda, Ciudad de México
Impreso y hecho en México– *Printed and made in Mexico*

Para ti, papá.

Tu confianza en mí hizo posible esta historia, y tu apoyo incondicional definió el rumbo de mi vida.

Índice

PARTE IV

Vitamina T (tips, técnicas y trucos)

Introducción

ESTE RECUERDO SIGUE AFECTÁNDOME: CON 22 AÑOS, en el aeropuerto de Chicago, de rodillas en el suelo, abriendo mis cuatro maletas para distribuir el peso entre ellas, con el corazón roto y con más preguntas que respuestas. Terminé agotada, avergonzada, bajo la mirada de tantas personas, sintiéndome esclava de mis pertenencias, porque no estaba dispuesta a deshacerme de n-a-d-a.

Por qué llegué a Chicago es una larga historia en la que no entraré en detalles. Bueno, está bien. Historia corta: conocí a un ruso americano en un crucero, nos enamoramos y, un año después, decidí mudarme con él a esa ciudad. Llegamos a vivir a casa de sus papás... Sí, ya sé, desde ahí debí sospechar que nuestra relación no terminaría bien, pero de todo se aprende. En esa casa experimenté mi primer contacto con la organización de espacios. Al tener visa de turista, no podía trabajar, pero quería ocupar mi tiempo en algo productivo y agradecer mi estancia. Así, pasé días completos sacando cosas de los cuartos y organizándolas para que, según mi criterio, el espacio a mi alrededor luciera más armonioso y funcional. ¿Mi exsuegra me lo agradeció? Por supuesto que no, pero eso no me importó.

Como te podrás imaginar, la relación no funcionó y, después de seis meses, regresé a México, no sin antes enfrentar ese espantoso episodio en el aeropuerto. Nunca había experimentado el apego a las cosas: para ese entonces, ya me había mudado ¡veinte veces! Hoy en día, como organizadora profesional, sé que aferrarme a mi equipaje tenía un motivo más profundo y doloroso, pero antes de contarte cuál es, vayamos al inicio. Quiero que me conozcas un poquito más y entiendas por qué estoy tan emocionada de que tengas este libro en tus manos.

Nací en la Ciudad de México, pero crecí en Cuernavaca, Morelos. Soy la mayor de tres hermanos y siempre me tomé muy en serio ese papel. Mi papá es un hombre muy pragmático, responsable y comprometido; y mi mamá fue una mujer libre, inquieta y llena de energía. Ambos me impulsaron a dar lo mejor de mí y a que no me importara la opinión de los demás; eso me hizo crecer siendo muy auténtica y segura de mí misma, pero con los pies en la tierra.

Las múltiples mudanzas comenzaron a raíz del divorcio de mis papás. Yo tenía 14 años. Como nuestra casa era muy grande, mi mamá prefería rentarla. Cada año que llegaban nuevos inquilinos, depurábamos, empacábamos todo y nos cambiábamos a un departamento pequeño. Y si la casa se dejaba de rentar, empacábamos de nuevo nuestras cosas y regresábamos.

Desde muy pequeña disfruto transformar mis espacios. En mi adolescencia, no me gustaba salir a fiestas ni desvelarme. Lo que amaba era estar en casa, reacomodando mi cuarto tantas veces como pudiera. Las mudanzas, que otros verían como un evento terrible y estresante, representaban para mí nuevos comienzos y momentos para reinventar mi entorno y deshacerme de lo innecesario, lo que sería clave para desarrollar mi creatividad y perderles el miedo a los cambios.

Descubrí mi pasión por los viajes al cumplir 21 años. Un mes en Sevilla se convirtió en diez meses en Madrid, donde trabajé en restaurantes para financiar un *tour* que me llevaría a conocer 15 países de Europa durante un mes. Un año después de lo planeado, regresé a Cuernavaca a seguir estudiando Comunicación en la universidad, pero ya no veía las cosas de la misma manera.

Mis travesías continuaron en Londres. A media carrera universitaria y sin ninguna experiencia profesional, la única posibilidad de empleo que encontré fue como niñera de una familia italiana. Si en Madrid me había demostrado que era imparable, en Londres me di cuenta de que era invencible. De regreso a mi país, me gradué, pero aún sentía la necesidad de seguir explorando. El destino me llevó a Chicago, donde ya te conté lo que pasó.

La frustración que experimenté en ese aeropuerto no fue normal; más allá de la bochornosa tarea de evitar cargos por sobrepeso, me enfrentaba a una dura realidad: me sentía incompleta. Desde el viaje a España, vivía con una constante sensación de búsqueda. Primero, pensé que se trataba de la ubicación geográfica: Madrid, Londres, Chicago... Luego me di cuenta de que era una búsqueda de identidad, específicamente de vocación.

Aunque ahora te cuento pequeños destellos en los que iba descubriendo mi futura profesión, no creas que lo tenía claro. En 2010, mientras mis amigos llevaban casi tres años de graduados y con trabajos estables, yo seguía intentando encontrar «mi algo». Así que ese año, después de hacer una profunda depuración de mis pertenencias, emprendí mi mudanza número 21, estaba lista para otra aventura: trabajar en una de las ciudades más grandes del mundo, la Ciudad de México.

Como buena *millennial*, busqué trabajo «de lo que fuera» en lo que averiguaba qué quería. Antes que cualquier otra cosa, era necesario pagar las cuentas. Fui asistente personal, vendedora de seguros y trabajé en el área de telemarketing de una disquera, haciendo llamadas a desconocidos ocho horas al día, dentro de cuatro paredes, ¡duré una semana!

De forma paralela, soñaba con la idea de que me pagaran por viajar, así que me inscribí en el proceso de reclutamiento para ser sobrecargo de Mexicana de Aviación. Me seleccionaron después de aprobar todo tipo de exámenes, pero la vida tenía otros planes: el 28 de agosto de 2010, Mexicana quebró y, con ello, se esfumó mi posibilidad de trabajar conociendo el mundo.

El resto del año asistí a decenas de entrevistas, de las que salía más deprimida de lo que entraba. Me mantuve de mis ahorros por dos meses, hasta que regresé a la casa de mi mamá en Cuernavaca, incapaz de tomar ese cambio como una oportunidad, de modo que más bien lo vi como un retroceso.

En esas vacaciones de diciembre, me encontré de la manera más inesperada con mi amigo Iván. Platicando sobre la vida, él me contó que su hermana llevaba cinco años trabajando felizmente en cruceros. ¿Cómo no lo había pensado antes?

Tras un largo proceso de selección, conseguí un puesto en Norwegian Cruise Line, en el *kid's club*, el cual llegaba a albergar, en temporada alta, cerca de trescientos niños hablando hasta siete idiomas diferentes. Recuerdo con alegría despertar cada día en un lugar distinto, conocer a personas de todo el mundo y experimentar una enorme satisfacción tras una agotadora jornada. Sin embargo, era un ambiente complicado, lleno de drama y fiestas, algo que nunca me gustó. Lo disfrutaba, aunque en mi interior sabía que los barcos no eran «mi algo» y que, si permanecía ahí, nunca encontraría mi propósito. ¿Cuándo ahorraría para el futuro? ¿Cuándo encontraría al amor de mi vida? ¿Cuándo formaría la familia que siempre soñé? Decidí renunciar a los cruceros, pero no podía empezar el 2012 perdida.

La pieza que hacía falta para completar el rompecabezas llegó con una llamada desesperada de Iván. Le habían pedido desocupar el lugar donde vivía ¡en tres días! Conocía a mi amigo lo suficiente como para imaginarlo aventando sin mayor cuidado todas sus cosas en su camioneta, así que me dispuse a ayudarlo, para lo cual cancelé mis planes. ¿¡Cómo te explico que el hombre ni siquiera había conseguido cajas!?

En cinco horas, depuramos, empacamos y subimos en su camioneta sus pertenencias: cada caja con una lista de las categorías que contenía. Hicimos en medio día lo que él no se veía haciendo en tres. Iván no daba crédito a lo que acababa de suceder, estaba muy agradecido y sorprendido por mi habilidad. Al terminar, me preguntó por qué llevaba tantos años buscando «mi algo», si claramente «esto» era «ese algo».

Pero ¿cómo se llamaba exactamente «esto»? ¿Cómo podía aprenderlo de forma profesional? Y lo más importante: ¿había personas en el mundo que pagarían por «esto»? Durante el camino a casa no podía dejar de pensar en lo que había pasado. Lo primero que hice al llegar fue abrir Google en la computadora. Tenía que dejar de llamar «esto» a «esto» y empezar a llamarlo por su nombre.

Tecleé palabras clave en español («orden», «mudanzas», «organización»), sin éxito; así que cambié de estrategia y busqué en inglés. La cantidad de información que apareció fue abrumadora, había blogs, páginas web, artículos, entrevistas, asociaciones, etc. ¡Por fin le puse un nombre! Tenía ante mis ojos mi primer acercamiento oficial a la industria de la organización profesional y una nueva pregunta: ¿yo podría ser una organizadora profesional?

Mi habilidad para las mudanzas siempre había estado ahí, solo que desconocía que la industria de la organización de espacios llevaba más de cuarenta años existiendo y que

¡más de cinco mil personas en el mundo amaban lo mismo que yo! Después de horas de devorar información, con el corazón latiendo a mil por hora, tomé la decisión de ser la primera organizadora profesional de espacios en mi país.

Pregunté por correo electrónico a más de cincuenta organizadoras establecidas en Estados Unidos y en Canadá cómo podía aprender formalmente la profesión. Kyla Rozman fue la única que me contestó: de una manera muy amable me recomendó el curso de Marla Dee, quien resultó ser la primera organizadora profesional de Utah, con 17 años de experiencia. En cuanto terminé de leer cada palabra del sitio web de Marla no me quedó la menor duda de que quería aprender de ella. Acto seguido, le escribí un largo, pero emotivo correo que terminó siendo un decreto poderoso para mi futuro:

> *Hola, Marla, espero que estés muy bien. Estoy segura de que encontrarás este correo un poco extraño; aun así, espero que lo leas. Eso es todo lo que pido, ¡solo léelo, por favor!*
>
> *«Estoy siempre en la búsqueda, y ni siquiera sé lo que estoy persiguiendo» es una frase que aparece en la película* Carros de fuego *y, en el momento en que la escuché, me identifiqué totalmente con ella.*
>
> *He vivido en diferentes países los últimos siete años, pero, cada vez que regreso de uno de esos viajes, cuando por fin estoy en casa preguntándome qué hacer con mi vida, simplemente no puedo decidirme. ¡He amado cada una de las cosas que he hecho! Soy muy buena en el trato con las personas, hago proyectos maravillosos de* scrapbook*, tengo una gran habilidad para organizar, escuchar y visualizar cosas que otros no*

pueden. Mis amigos me dicen que soy conocedora de todo y experta en nada.

Estoy en la búsqueda de una pasión que me haga sentir completa, de algo que me haga levantarme cada día emocionada por realizarlo. ¿Sabes? Dos experiencias muy simpáticas hicieron que replanteara mi camino este pasado noviembre, cuando regresé de una jornada en barco por motivos de trabajo.

La primera: mi mamá, mi hermana, nuestra perrita y yo vivíamos en una casa enorme. Mientras yo estaba trabajando en cruceros, rentaron la casa por vigésima vez y se mudaron a un departamento pequeño. Cuando regresé y vi todas las cosas que habían transferido de un lugar a otro, casi me da un ataque. En tan solo tres días, transformé un departamento que parecía sacado de un programa de Acumuladores, en un hermoso, limpio, organizado, pacífico y práctico hogar. No me preguntes cómo lo hice, nunca he tomado una clase o curso al respecto. Mi mamá y hermana estaban impresionadas con el resultado, siendo que ellas no habían podido avanzar nada en seis meses.

La segunda: un amigo muy desaliñado me llamó de emergencia para que lo ayudara a mudarse. Cuando terminamos, estaba completamente maravillado por los resultados obtenidos. En cinco horas, terminamos con todo en cajas, etiquetado y listo para llevarlo a su nueva casa. «¡Deberías dedicarte a esto!», me dijo.

Por cosas de la vida y después de mucho investigar, llegué a tu página web. Y, en cuanto terminé de leer cada palabra, lo supe: ¡QUIERO SER ORGANIZADORA PROFESIONAL! Y, ¡quiero aprender de ti!

Perdón por la introducción tan larga: para que pudieras comprender este correo, tenía que transmitirte la frustración por la falta de dirección en mi vida y compartirte las señales que el universo me está dando. Sé que debes ser una mujer muy ocupada, y entendería que no estuvieras lo más mínimamente interesada en mi caso, pero debía intentarlo.

Veo que hay certificaciones a través de asociaciones en Estados Unidos, Canadá o Australia. ¡No así en el caso de México! Primero, me frustré: muchas personas podrían beneficiarse de esto y muchas otras podrían formar parte de esta profesión. ¡Ahora estoy motivada! Si no hay una asociación en México, tal vez es porque ¡estoy destinada a empezarla yo! (Ja, ja, ok, eso estuvo un poco ambicioso, pero por lo menos podría ser la primera organizadora profesional en México).

En fin, quiero entrenarme, certificarme y empezar mi propio negocio de organización profesional. Y quiero hacerlo a través de tu guía. ¡Qué oportunidad tan maravillosa de traer esto al país vecino! ¡Imagina las posibilidades!

Aunque hay un pequeño inconveniente: no tengo mucho dinero para la inversión inicial. Te aseguro que tengo la habilidad, el potencial, la motivación, la visión... solo me hacen falta la dirección y guía. De verdad quiero lograr este sueño, y estoy segura de que tu certificación es el camino.

Con cariño,
Claudia Torre

Te preguntarás qué pasó. ¿Recibió mi correo? ¿Le pareció motivador o pensó que estaba loca? También me lo pregunté durante 11 largos días. Resulta que mi correo se había ido a *spam*, y hasta que Marla entró a borrar los mensajes no deseados vio que había uno ahí por error: el mío.

Cuando finalmente recibí su respuesta, no dejaba de saltar y gritar de emoción. Me contó que estaba asombrada por mi entusiasmo y audacia, y me propuso tener una reunión por Skype (sí, Skype; recuerda que estamos en 2011). En esa conversación, Marla me sorprendió con una beca para los niveles 1 y 2 de su certificación: el primero lo estudiaría desde casa y el segundo de manera presencial, en Salt Lake City.

A pesar de mi emoción, no logré reunir todo el dinero. En ese momento, tres mil dólares era una cantidad inalcanzable para mí, así que compré el curso del nivel 1 con mis ahorros y empecé a planear mi empresa a un ritmo menos acelerado. Días después, mi papá insistió en apoyarme. Una vez más, sentí que estaba dando un paso atrás, pero acepté su ayuda, con la promesa de que cuando empezara a tener clientes lo primero que haría sería pagarle, y lo cumplí.

El material del nivel 1 llegó a mi casa muy tarde, hasta el 3 de febrero, por lo que tenía solo 16 días para estudiar un contenido diseñado para completarse en tres a seis meses. Lo único que hice fue desayunar, estudiar, comer, estudiar, cenar, estudiar y, de vez en cuando, bañarme. Cuando cerré el manual 15 días después (hasta me sobró un día para hacer la maleta), comprobé que no hay imposibles cuando la pasión te mueve y tienes una fecha límite para el viaje que transformará tu vida.

La certificación fue maravillosa, así como la convivencia con el resto de mujeres que la tomaron. Conocí más sobre mí, mis habilidades, mis inquietudes y mis sueños. Y regresé a México con mi plan de negocio, entusiasmada por poner en acción todas mis ideas, pero también con miedo, pues me enfrentaba a traer una industria desconocida a mi país. Me sentía sola, ya que nadie entendía lo que significaba ser organizadora profesional ni por qué alguien pagaría por ese servicio.

A pesar de la incertidumbre, seguía enfocada en mi meta. Recuerdo que, después de pasar semanas sin éxito buscando el nombre para mi empresa, una madrugada me desperté abruptamente y dije en voz alta: «¡organizARTE! El arte de la organización». ¡Lo tenía! Con el nombre definido, diseñé el logo y la página web, me sumergí en las redes sociales y comencé a escribir en mi blog con la firme misión de mostrar que la organización no se trata de un lujo, sino de una necesidad.

Durante este tiempo, tuve que compaginar el desarrollo de mi empresa con otros trabajos para pagar las cuentas; ¡solo me faltaba vender tamales los domingos! Así continué hasta que, en enero de 2014, decidí dedicarme 100% a organizARTE y hacer lo que estuviera en mis manos para vivir de mi pasión. La transición no fue sencilla, en especial porque en el ámbito personal me encontraba ante la lucha más fuerte de mi vida: un mes después de obtener mi certificación, el 14 de mayo de 2012, diagnosticaron a mi mamá con cáncer.

Fueron dos años de lucha incansable. Días enteros en hospitales, llenos de lágrimas, enojo, desesperanza y miedo, pero también de risas, abrazos y lecciones de vida. Pasamos noches leyendo a Elisabeth Kübler-Ross, la madre de la tanatología, y aprendiendo que mi mami no se moría, sino que simplemente cambiaba de espacio.

Dicen que las cosas llegan cuando más las necesitas. La casa en Cuernavaca, aunque la rentábamos a otras personas, siempre estuvo en venta. Cuando llevábamos seis meses afrontando los gastos de la enfermedad, sin ningún tipo de seguro, un milagro sucedió: una compradora interesada en nuestra casa quería mudarse en febrero. Así emprendí uno de los proyectos de organizARTE más significativos hasta ese momento: depurar, donar, empacar y vender una casa de 800 m^2. El 15 de mayo de 2014, mi mami y yo nos mudamos a un hermoso departamento en la colonia Condesa, en la Ciudad de México.

En esa temporada me la pasaba preguntando a cuanta persona conocía o acababa de conocer si tenía el contacto de Martha Debayle. Había escuchado en su programa que estaba por iniciar el primer *Extreme Makeover: Home Edition* y nadie me podía quitar de la cabeza que yo tenía que formar parte de ese proyecto. Saturé su Twitter con mensajes desesperados como: «Quiero ser parte de tu equipo para el Extreme Makeover» o «Ustedes no lo saben todavía, pero me necesitan», ja, ja.

A mi mamá se le ocurrió una idea que le agradeceré siempre: etiquetar a Martha en un tuit con mi diploma de certificación como organizadora profesional y la petición de que me dieran más de 140 caracteres para explicarles por qué me necesitaban en su equipo. ¡Funcionó! La productora del programa se comunicó conmigo; les mandé un correo con el mejor *pitch* de mi vida, explicándoles que para que todos los patrocinadores pudieran hacer su magia, primero yo tenía que hacer la mía. Unos días después, sonó mi celular: ¡era Martha Debayle! Creí que me iba a dar un paro cardiaco. Con su invitación formal a ser parte del *Extreme Makeover: Home Edition*, organizARTE nunca más sería el mismo.

Al mes siguiente, recibí otra llamada, esta vez de la productora de un nuevo programa en TV Azteca. Quería que diera tips de organización una vez por semana, ¡en una de las televisoras más grandes de México! ¿¡Es bromaaaaa!? Estos acontecimientos me confirmaban que estaba en el camino correcto. Ya era normal para mi mamá verme saltar por todo el departamento y, aunque con sus 35 kilos ya no tenía mucha fuerza, sabía que dentro de ella su espíritu celebraba conmigo saltando de la emoción.

Como había llegado a las grandes ligas, mi mamá me pidió un favor. Ella sabía que no estaría mucho más tiempo con nosotros, así que quiso dejarme algo tangible que me ayudara no solo a recordarla, sino también a mantener los pies en la tierra y el corazón muy abierto a la inspiración. Se trataba de diseñar un mural para la sala del departamento donde vivíamos, que tuviera las siguientes palabras: **ilusión, fe, sueño, trascendencia, silencio, paciencia, imaginación, amor, creatividad, esperanza, conciencia, tolerancia, ternura, sabiduría, motivación, templanza, tranquilidad, compasión, alabanza y honestidad**.

Nunca lo pudo ver, falleció el domingo 27 de julio de 2014, a las 5:15 a. m. Mi hermana y yo a su lado, abrazadas las tres en su cama, dándole cada una la mano. Simplemente se quedó dormida y poco a poco dejó de respirar. Escuchamos su último aliento y nos volteamos a ver agradecidas de que ya no sufría más.

Avisamos a la familia, la vestimos con un conjunto hermoso de lino blanco y comenzamos a sacar adelante la logística de ese día. Lo hicimos en un lugar con jardín, porque ella odiaba los lugares lúgubres y cerrados. Llegaron cientos de personas, la mayoría vestidas de blanco, como ella hubiera querido. Es el servicio más bello que he presenciado jamás.

Después, llevé a cabo el mismo proceso que aplico con mis clientes y saqué del departamento cada una de las cosas de mi mamá, honrando sus propias enseñanzas sobre el desapego. Ella misma nos dijo a mis hermanos y a mí que viviría en cada uno de nosotros y que no necesitábamos objetos para recordarla. No hubiera respetado su memoria ni su mensaje de libertad, de haber convertido el departamento en un mausoleo con todo lo que alguna vez le perteneció. Liberamos el espacio de recuerdos físicos de mi mami, pero conservando su esencia en nuestro corazón.

Dedicado a su memoria, el *Extreme Makeover* empezó 11 días después. Nadie podía entender que yo estuviera entera, pero nadie sabía tampoco que, tres días antes de su partida, mi mamá me había dado las gracias por haber cuidado de ella durante dos años, justo cuando acababa de fundar mi empresa. Me expresó que nada la iba a hacer más feliz que verme enfocada en mi sueño; que ella estaría a mi lado en cada paso, tanto en el éxito como en el fracaso; y que no olvidara ver el mural de las palabras para tomar fuerza cuando lo necesitara. Por último, me dijo que una vez que ella partiera, ya no habría más pretextos para no abrir mis alas ¡Y VOLAR!

El despegue comenzó: emprendí mi primer caso de acumulación compulsiva; me invitaron a colaborar en la revista *Moi* de Martha Debayle, así como en su programa de radio; aparecía en tele cada miércoles; compartía contenido en redes; y, al mismo tiempo, las solicitudes de mudanzas y las organizaciones de espacios no dejaban de llegar. También tuve el honor de organizar el ático de Martha Debayle, un espacio que contrastaba con el resto de su hogar por su desorden y acumulación. ¡El resultado fue espectacular!

En medio del torbellino de éxito, empecé a sentir molestias en la mandíbula, que se intensificaron hasta convertirse en un problema que ya no podía minimizar. Me tronaba cada vez que abría la boca para reír, comer, bostezar, cepillarme los dientes o simplemente hablar.

En noviembre de 2014, el doctor me aconsejó no postergar más el asunto, ya que las radiografías mostraban un deterioro importante. Obviamente no hice caso y ¡BOOM!, la bomba explotó. El cuerpo es sabio y si no le das las cosas que necesita, va a encontrar la forma para que se las des por puro instinto de supervivencia. A mi mandíbula no le importó si estaba a la mitad de una mudanza o si a alguien le urgía organizar su casa; ella dijo: «Hasta aquí llegué», y hasta ahí llegó. Me operaron el 29 de enero de 2015.

La recuperación fue un despertar. Reflexioné sobre el ritmo insostenible en el que estaba viviendo y aprendí que el mundo no se detiene si yo me detengo, que es vital darme tiempo para sanar y fortalecerme. Además, tuve que enfrentar mi vulnerabilidad al depender de los cuidados de mi hermana menor, lo que me hizo redescubrir la gratitud por acciones diarias que daba por hechas, como comer sólidos, respirar sin dificultad o ir al baño por mí misma. Me di cuenta de que no, no soy la Mujer Maravilla, y que es muy importante pedir y aceptar ayuda cuando es necesario.

Ahora que sabía que mi bienestar estaba antes que la acumulación de logros, organizARTE siguió consolidándose. Primero, a través de lo que llamé «el proyecto del año» con PepsiCo y la Fundación Familiar Infantil (Funfai), un hogar para hijos de madres privadas de su libertad. Funfai requería de una intervención urgente en organización. El desafío era monumental, tanto por la magnitud del desorden como por su impacto social. ¡Logramos un resultado transformador y muy satisfactorio!

Después, comencé a plasmar todo lo que sabía y había aprendido para crear los maravillosos procesos que hasta la fecha seguimos implementando con éxito: La Metodología del O.R.D.E.N.®, El Sistema de Organización de Documentos L.A.T.A.B.® y El Sistema... del caos al orden®. Por si fuera poco, a finales de 2015, lanzamos la Academia Claudia Torre®, la primera academia en Latinoamérica dedicada a la formación de organización profesional de espacios, tanto para personas que buscan emprender su propio negocio en el rol de organizadoras, como para las que desean aprender a organizar sus propios espacios y documentos.

Todo comenzaba a tomar ritmo otra vez, hasta que en 2016 llegó un nuevo reto: hacerme de un patrimonio propio. Ese año, me habían aumentado la renta de mi departamento. Isabel, mi entonces socia, me hizo una observación impactante durante una revisión de presupuestos: ya estaba pagando lo suficiente como para cubrir una hipoteca.

Para septiembre, ya tenía un crédito aprobado. Consciente de que tenía que juntar el anticipo para mi nuevo hogar, Vicky, mi amiga desde los 14 años, me dio la fabulosa idea de subarrendar el departamento en el que vivía, convirtiéndolo en un Airbnb. Con esos ingresos, podría ahorrar el dinero necesario sin sacrificar mi estilo de vida. Una mudanza más, que resultó profundamente reveladora sobre cuánto necesitaba en realidad para vivir: solo un 30% de mis cosas me acompañaría a mi hogar temporal.

El Airbnb comenzó a funcionar el 1.° de octubre de 2016 y, tal como lo predijo Vicky, estuvo ocupado el resto del tiempo. Cuando estaba a punto de llegar al 30% del anticipo, encontré el hogar perfecto, justo en la zona y con las características que soñaba. El 14 de septiembre de 2017 firmé las escrituras, ¡un año después de que me lo propuse!

Entonces, llegó el 19 de septiembre... Ese día un fuerte temblor golpeó el centro del país. Yo me encontraba en un congreso en la Riviera Maya. A pesar de que mi familia estaba a salvo y el lugar donde vivía temporalmente no había sufrido daños, estaba preocupada por mi Airbnb en la Condesa, que en ese momento se encontraba ocupado por una pareja mayor de argentinos.

¿Alguna vez has recibido una noticia tan impactante que, a la mitad de lo que te están diciendo, empiezas a sentir cómo el sonido de la voz de la otra persona se desvanece, hasta que solo escuchas un «beeeeeeep» y sientes que todo tu cuerpo se entume, al grado de que necesitas sentarte para no caer al suelo? Eso fue exactamente lo que sentí cuando escuché a Vicky decirme que el edificio donde ella misma tenía un Airbnb, también en la Condesa, se había caído. ¡No fue un simple temblor, sino más bien una tragedia para miles de personas!

Esa noche logré contactar a la pareja de inquilinos. Afortunadamente, estaban bien, pero me contaron sobre los terribles momentos que vivieron durante el evento y los daños en el departamento. El edificio estaba muy afectado: había sido evacuado y acordonado, de modo que nadie podía ingresar para sacar sus cosas.

Al día siguiente, mi regreso a casa fue interminable y llegué casi al anochecer. Tan pronto amaneció, me dirigí a la Condesa, que estaba irreconocible: con escombros por todos lados y un ir y venir constante de voluntarios y rescatistas. Aunque se percibía un olor a gas en el ambiente, lo que más se respiraba era la preocupación de todos. Durante los días siguientes, me uní a los esfuerzos voluntarios, difundiendo en redes sociales las necesidades más urgentes de los centros de acopio y tratando de aportar en lo que más se necesitaba.

Cuando me avisaron que podría entrar al departamento, el alivio de saber que recuperaría mis cosas se mezcló con la dura realidad de su estado. El lugar que tanto amaba, donde mi mamá había pasado sus últimos meses de vida y que representaba el ingreso para adquirir el departamento que había firmado ¡cinco días antes!, tenía altas probabilidades de que fuera pérdida total. Al final, logré recuperar algunos muebles, algo de decoración, mis tesoros, y vi por última vez el mural que mi mamá había diseñado.

Mi equipo y yo teníamos un proyecto de organización confirmado, así que, a pesar de las circunstancias, lo llevamos a cabo. Justo estábamos por terminar cuando recibí una notificación de Airbnb: se trataba de una reserva por seis meses, lo suficiente para escriturar el nuevo departamento; una posibilidad totalmente inviable... En ese momento me cayó el veinte de todo lo que había sucedido en los últimos días. Me metí al baño de mi clienta y lloré como niña. Era tanto el cansancio físico y emocional que mi mente no podía pensar en el profesionalismo que tanto me caracteriza.

Al salir apenada, mi clienta se dirigió hacia mí y me dio el abrazo que tanto necesitaba. Me puse a llorar aún con más fuerza, sin parar de disculparme por mi «actitud poco profesional». Ella no dejó de agradecerme por el trabajo que realizamos en su espacio y de expresarme que no me preocupara, que antes de organizadora era humana, y que se sentía muy feliz de poder ayudarme.

En la noche, después de bañarme y meterme en la cama, entendí que no solo había sido la pérdida del Airbnb, la incertidumbre sobre los pagos de la hipoteca, el cansancio, la tragedia nacional... sino que dentro de todo esto, también había algo positivo, conviví ocho horas diarias, durante cinco días seguidos, con una mujer que me recordaba muchísimo a mi mamá. Ella había sobrevivido al cáncer, pero mi mamá no.

Claramente necesitaba una pausa para procesar las emociones y descansar, pero al día siguiente tenía que mudar todo el departamento de la Condesa al departamento que había comprado. Días después, ya estaba viviendo entre cajas, sin el 50% de mi ingreso y con un duelo a cuestas. Por tanta demanda de trabajo, el personal de mudanza prácticamente aventó mis cosas. Con tanto desorden, no podía concentrarme ni escuchar mis pensamientos. Me sentía como flotando, totalmente fuera de mi zona de confort, afectada, cansada y vulnerable.

Con lágrimas en los ojos, llegué a una reflexión importante. Por primera vez estaba viviendo la otra cara de la moneda. Al experimentar tal caos, podía ponerme en los zapatos de mis clientes. En ese momento, no era la organizadora perfecta que armaba casas de un día para otro. No tenía todo en orden ni bajo control. No estaba emocional ni mentalmente estable para tomar buenas decisiones. Todo a mi alrededor me hacía pensar en lo cierto de la frase que tantas veces había leído: «Así como está tu exterior, está tu interior». ¡Qué gran lección me estaba dando la vida!

Saqué adelante el diplomado que tenía programado para esas fechas. Me tomó un mes y medio llegar al orden esperado en mi nuevo espacio y recobré algo de tranquilidad y confianza, pero otros aspectos de mi vida seguían sumidos en el caos. El temblor fue la gota que derramó el vaso, aunque ese vaso llevaba años llenándose.

Desde que inicié mi carrera como organizadora en 2012, sacrifiqué mi vida social y personal por un amor profundo a mi profesión. Este compromiso desmedido, aunque enriquecedor en muchos aspectos, también me protegía de enfrentar el dolor personal, especialmente tras la pérdida de mi mamá. ¿Y de pareja? Mejor ni hablamos. Era imposible que el hombre de mis sueños apareciera por arte de magia en mi casa a horas no laborales.

Aun sabiendo esto, no pude parar. Durante el último trimestre de 2017, la cantidad de trabajo fue abrumadora: proyectos de organización, decisiones críticas después de jornadas agotadoras, *workshops* y conferencias, el lanzamiento de nuestro primer diplomado intensivo, el desarrollo de la academia digital, y la creación de la Asociación de Organizadores Profesionales Latinoamérica.

Estaba tan acostumbrada a trabajar para sentirme productiva y merecedora de «ganarme mi sueldo», que mis hábitos de alimentación, ejercicio y sueño pasaron a segundo plano otra vez. Isabel habló seriamente conmigo: no era sano llenar el vacío de una pareja y una familia con el exceso de trabajo. Me encontré cuestionando tanto mi estilo de vida como la sostenibilidad de mi empresa. Mi socia tenía razón, necesitaba delegar una parte de todo lo que estaba haciendo, era momento de **soltar** aún más. Pero ¿qué iba a dejar ir? Sinceramente, nada de lo que hacía me pesaba. Después de reunir muchas justificaciones en mi cabeza, logré ceder y consideramos que July, mi mano derecha desde hacía tres años, estaba totalmente capacitada para encargarse de los proyectos de las casas. Elegí confiar en mi equipo y permitir que ellas continuaran con la misión de organizARTE.

¿Ahora qué iba a hacer con tanto tiempo libre? Aunque me invadía la culpa de descansar en lugar de hacer tareas más significativas, me di la oportunidad de fluir con lo que iba surgiendo en el camino. Visité más seguido a mi familia, hice ejercicio y, por primera vez en mi vida, comencé a ir al mercado para cocinar en casa todos los días. Los audiolibros motivacionales se volvieron imprescindibles en esta etapa transicional tan importante, y empecé a salir de nuevo con una persona del pasado, de quien estuve (y seguía) muy enamorada.

Por primera vez en seis años, tenía los fines de semana libres. Había recibido tantos consejos sobre la importancia de relajarme y disfrutar la vida, que sin darme cuenta hice a un lado otras responsabilidades y mi enfoque se concentró sobre todo en mi nueva relación. Sin el *rush* de las transformaciones de las casas y la toma de decisiones constante, **el desgano me invadió a tal punto que a muchos pendientes de organización de mi PROPIO espacio les colgué un letrero invisible de «pausa»**. No tenía la más mínima intención de atenderlos; además, nadie estaba detrás de mí esperando un resultado.

Cada vez que regresaba a casa y pasaba por el garaje o buscaba algo de la bodega, sentía un golpe en el pecho seguido de culpa, decepción y autocrítica. El velo de la codependencia, disfrazado de enamoramiento y «tiempo para mí», me impedía notar que el desorden en esas zonas estaba afectándome de manera profunda. Una frase de mi maestra Marla Dee resonaba en mi mente: «Clutter is delayed decision», que significa: «El desorden es indecisión». No podía tener un mejor ejemplo frente a mí. Si bien esos meses habían sido duros, no tenía excusas para mi desidia. En lugar de sanar, estaba simplemente colocando un curita sobre la herida, lo que se traducía en un cúmulo de bloqueos y decisiones no tomadas que empezaban a quitarme paz mental y a poner en cuestionamiento mi credibilidad y profesión.

¿Cómo mi medicina se había convertido en mi veneno? ¿Cómo había permitido acumular tantas decisiones pendientes? ¿Por qué, teniendo las herramientas para evitarlo, no había seguido los consejos que compartía a mis clientes y seguidores? ¿Era acaso una impostora? ¿Con qué derecho podía predicar sobre la importancia de vivir solo con lo necesario, cuando mi garaje y mi bodega albergaban tantos apegos?

Estas preguntas me golpearon duramente, llevándome a cuestionarme sobre lo que había estado haciendo con mi vida en los últimos seis años. Estaba a punto de cumplir 35 y no tenía ni la relación comprometida ni la familia hermosa que siempre había deseado. Quería estar con mi entonces pareja y formalizar nuestra relación, pero la última vez que terminamos fue precisamente porque eso no estaba en sus planes. ¿Estaría listo un año y medio después?

La noche de mi cumpleaños, Mari Carmen, mi mejor amiga, junto con mi hermana y mi socia, me sorprendieron con un video que recopilaba mensajes de todas las personas cercanas a mí, deseándome un feliz cumpleaños y expresándome su orgullo por mis logros. Cada nuevo mensaje me dejaba boquiabierta, porque todos me describían como una mujer apasionada y realizada. Fue muy lindo recibir un regalo lleno de cariño y con mucho esfuerzo detrás. Sin embargo, las lágrimas brotaban sin parar de mis ojos. No eran de alegría, sino de dolor: estaba siendo incongruente con mi mensaje y mi estilo de vida. Me encontraba atrapada en mi carrera al punto de que las personas parecían reconocerme solo por mis logros profesionales.

Al día siguiente, la avalancha de pérdidas parecía no acabar. «Yo no quiero vivir nunca más con alguien. No quiero volverme a casar. No sé si quiero tener hijos. Lo único que tengo claro es que quiero ser libre y pasar el resto de mi vida haciendo lo que me hace completamente feliz: pintar». Esas fueron las palabras de mi pareja al preguntarle qué seguía para nosotros. ¡Auch! Escuchar su claridad me devastó. Primero mi mamá, después mi departamento, luego mi empresa y ahora mi relación. ¿Qué estaba tratando de enseñarme la vida? Había estado enamorada de él durante tres años y quería estar a su lado, pero no podía ignorar mis propios deseos. Si a alguien debía ser leal, era a mí misma. Si alguien tenía que cuidar de mí, era yo. Ese mismo día terminamos la relación.

Toqué fondo: no tenía apetito, solo quería meterme en mi cama y dormir, evadiendo cualquier decisión o actividad relacionadas con el trabajo. Ni siquiera era capaz de encontrar motivación para las tareas más simples, como lavar los platos. Ahí estaba: vacía, sin pareja ni familia, desconectada de la pasión que había dirigido mi vida y de los regalos que la vida ponía frente a mí.

Lloré durante todo el fin de semana y para el lunes me sentía como un zombi, desolada y con el corazón en pedazos. July e Isabel, al verme en tal estado durante una reunión, decidieron intervenir. Desahogué todo lo que había estado sintiendo.

Con calma, concluyeron que lo que realmente necesitaba era la ayuda de... ¡una organizadora profesional! Con humor, pero en serio, July se ofreció a asumir ese rol y programamos en el corto plazo una sesión de trabajo.

Empezamos al mediodía y en una hora liberamos la mitad del garaje. No podía creer lo rápido que estaba fluyendo la energía después de meses de estancamiento. Aplicamos cada paso de La Metodología del O.R.D.E.N.®, la cual conocerás más adelante. Cuando July vio un cuadro de mi antigua casa en Cuernavaca, me cuestionó por qué lo conservaba si no coincidía con el estilo de mi espacio actual. A medida que respondía a sus preguntas, me sorprendía oír mis propias respuestas, reflejo de lo que habíamos escuchado de nuestros clientes durante años. «¿Y si tomas una foto para conservar el recuerdo y luego lo dejas ir? ¿Alguien de tu familia lo querría en su casa?». Ese cuadro había estado guardado durante más de cinco años y nunca se me había ocurrido seguir el consejo que frecuentemente daba a mis clientes.

Después de cinco horas de un intenso análisis y con la ayuda invaluable de July, logramos despejar la bodega y el espacio de estacionamiento en mi garaje. La satisfacción de eliminar tantos pendientes que me habían agobiado durante meses era indescriptible. Nunca había experimentado el acompañamiento de una organizadora profesional que cuestionara mis decisiones con firmeza y cariño. Al concluir, cubierta de polvo y exhausta físicamente, pero con el corazón y la mente en paz, compartí con July lo sostenida y liberada que me sentía.

Esa experiencia mágica me confirmó el poder de mi misión como organizadora a nivel profesional y personal. Por fin, comprendí que el caos de todos esos años me había llevado a redescubrir el amor propio y me había dejado lecciones para toda la vida. **Mi mundo se tuvo que mover literalmente para enseñarme que dejar ir no es perder, sino hacer espacio**

para lo que realmente importa, empezando por mí. También comprendí que todos, ¡hasta una organizadora profesional como yo!, necesitamos de la organización profesional para disfrutar la paz que trae el orden y la liberación.

Soltar ha sido parte de mi misión de vida desde que soy una niña, y hoy sé que ese es el primer paso para soñar en grande. Mirando en retrospectiva, admiro a la mujer que un día se atrevió a traer una industria inexistente a su país. Aunque no ha sido fácil, ha sido muy valioso: esa decisión me ha permitido transformar tanto mi vida como la de muchas otras personas, incluyendo la tuya, a través de este libro.

Deseo que te sientas inspirada al conocer mi historia. Ahora, ¡prepárate! Estás a punto de recibir enseñanzas, consejos y herramientas de organización para crear una vida más bonita, ligera y con sentido para ti. ¡¡¡Qué emoción!!!

Empezarás por hacer un cambio de actitud y de hábitos. No quiero que organizar se quede en un deseo fugaz, sino que se materialice en un nuevo estilo de vida. También aprenderás por qué no somos organizadas, reflexionarás sobre cada uno de los objetos que posees y si realmente aportan algo positivo a tu vida, identificarás la visión correcta al organizar y los beneficios que puedes experimentar, y conocerás el paso a paso de La Metodología del O.R.D.E.N.®, para liberarte de apegos, vivir con menos estrés y tener más tiempo para compartir con tus personas favoritas, hacer las cosas que disfrutas y amar el espacio que habitas. Por último, podrás consultar mis tips favoritos para terminar de darles ese toque Pinterest a algunas zonas de nuestro hogar.

Organizar es un viaje, no un destino. Y para no perderte, necesitas una guía. Me siento honrada de acompañarte paso a paso, tanto en las frustraciones como en las alegrías. Si tienes el compromiso de leer todo el libro y, lo más importante, de llevar a cabo lo que te enseño en él, lograrás lo que has esperado tanto tiempo: soltar lo que no aporta a tu propósito y ponerle orden a tu caos para vivir bonito.

Y antes de comenzar nuestro viaje juntas, te comparto una frase que ha sido mi brújula durante la última década de mi vida, esperando que, en momentos de duda, incertidumbre, miedo e inseguridad, la repitas con mucha confianza y te recuerde que no estás sola: «Si necesitas creer en algo, cree en ti».

¡Bienvenida a una vida bonita! ¡Te la mereces!

PARTE I

El diagnóstico

NO TE SIENTAS CULPABLE DE NO TENER NI IDEA de por dónde empezar cuando se trata de ordenar y organizar tus espacios. O peor aún, ¡de que el caos inicial se convierta en más caos! El hecho de querer ponerle fin al desorden que te rodea es ya el 50% del avance, ¡y no me cansaré de felicitarte por eso!

En esta primera parte, nos centraremos en entender en qué consiste la organización y en qué se diferencia del orden, otro de nuestros aliados. Además, te explicaré los tipos de desorden que existen y las causas más comunes que he identificado para entender nuestra falta de organización. Empezaremos por el indiscutible número uno: el famoso apego. No te preocupes, voy a compartirte sugerencias muy prácticas para superar esos bloqueos. Por último, sabrás qué tipo de perfil desordenado te caracteriza, no para que te frustres, sino para que te conozcas más y te diviertas en el proceso.

Vamos a partir de este diagnóstico —explicación, síntomas y causas de la desorganización— para reconocer todo eso que podemos transformar con las bondades de la organización. ¿Lista?

¿Qué es organizar?

Hay muchos libros y definiciones sobre este concepto tan poderoso, por lo que me gustaría compartirte lo que significa para mí. Organizar es hacer espacio para lo que realmente importa. **Es dejar ir; soltar apegos; hacer una pausa para reflexionar sobre todas las cosas que tienes y quedarte solo con las que amas, usas, necesitas y te hacen feliz.**

> *El desorden aparece cuando todas esas cosas que están ocupando un lugar en tu espacio no aportan a la vida que quieres vivir.*

¿Te habías puesto a reflexionar sobre ello?

Observa ahora mismo a tu alrededor. Puede que estés en tu habitación, leyendo sobre tu cama. Te invito a escanear todo lo que está en torno a ti. ¿Hay cosas debajo de la cama? ¿En el suelo? ¿Hay ropa sobre la silla o el sillón? ¿Cuántas cosas tienes en tu buró? ¿Hay más de dos libros apilados encima de él? ¿Cuántos papeles hay dentro del cajón? Si tienes portarretratos, ¿hace cuánto que no renuevas sus fotos? ¿Las sábanas de tu cama están en buen estado? ¿Las amas y disfrutas dormir en ellas, o están descoloridas, deshilachadas y no hacen juego? ¿Cuánto tiempo has postergado entregarle esas bolsas a tu amiga? ¿Cuántos pendientes tienes anotados en papelitos que descansan en tu tocador? ¿Hay monedas por todos lados? ¿Te sientes a gusto leyendo en tu cama mientras todas esas cosas que te rodean están ahí, desde hace meses o incluso años, sin cumplir su propósito?

O quizá estás en tu estudio, rodeada de libros que no has tenido tiempo de leer, con montones de papeles que ocupan espacio en tu escritorio y cajones que se atoran cuando intentas abrirlos porque ya no les cabe más... pero cuando necesitas sacar de ahí una pluma nunca puedes encontrar una, o por lo menos ¡una que pinte! ¿No es desgastante? ¿Realmente disfrutas el tiempo que pasas en este espacio? ¿O te ha pasado por la mente lo que me dijo un cliente desesperado, después de pasar años rodeado de papeles acumulados en su estudio?: «A veces pienso que sería más fácil encender un cerillo y quemarlo todo. Me abruma menos que la idea de ponerme a revisarlos».

Prenderles fuego a las cosas no necesariamente es la solución al desorden. Hay muchos caminos que pueden ayudarte a encontrar tranquilidad en tu espacio; el primero de todos: saber que con el orden no es suficiente.

La diferencia entre orden y organización

El orden nos ayuda a que el mundo no esté de cabeza. Por ponerlo en palabras coloquiales, los semáforos nos dan un orden para saber cuándo podemos caminar y cuándo no; funciona de la misma manera si eres quien maneja: los semáforos indican si debes dejar pasar a otros coches o a las personas que van a pie.

Cuando hablamos del orden en un espacio, nos referimos a las categorías. Pensemos en los cubiertos: cucharas en un apartado, tenedores en otro y cuchillos en otro. O en los blancos: toallas y sábanas en un mismo espacio, ordenadas por tamaños, colores o juegos. Parecería que el orden hace que todo fluya mejor en cualquier área de la vida, ¿no?

> *Amamos el orden, la clave está en complementarlo con la organización.*

Sin embargo, que esté ordenado no garantiza que esté organizado, porque **la organización involucra dos factores imprescindibles: la depuración y la creación de sistemas.** Cuando organizas un espacio, invariablemente tienes que reflexionar de manera consciente sobre las cosas a las que estás dando orden: ¿realmente las necesitas?, ¿cumplen un propósito en tu vida?, ¿te las vas a quedar por una razón válida?

> *Una organización efectiva comienza con una depuración verdadera.*

La mejor analogía que tengo para explicar la relevancia de estos dos procedimientos es la de una herida. Cuando te caes y te raspas la piel tan fuerte que hay sangre y tierra en toda la herida, no puedes nada más ponerte un curita y esperar a que sane. ¡Primero debes limpiarla muy bien y después curarla con cuidado! Solo así podrás evitar una infección y esperar a que cicatrice correctamente… ¡porque antes la limpiaste!

Lo mismo sucede con nuestro espacio. No importa que llevemos meses o años en él, poco a poco nos vamos haciendo de cosas que dejamos entrar sin reflexionar, o que nos regalan y no las necesitábamos, o que compramos por impulso y nunca las usamos. ¡Todas esas cosas simplemente se van acumulando! Pero, como no nos detenemos a analizar, dejamos que pase el tiempo, y nuestras pertenencias siguen aumentando. Ahí es cuando llega el desorden. Cuando solamente te la pasas «ordenando», moviendo cosas de un lado para otro, sin una reflexión y una depuración profundas, nunca vas a tener una organización verdadera… ¡y el desorden regresará!

Un síntoma de esta falsa organización es pasar todo el día limpiando tu casa, pero a la semana darte cuenta de que es un desastre otra vez. ¿Lo peor? Nunca llegas a disfrutar realmente de tu espacio. ¿Te suena familiar?

Muchas personas creen que metiendo todo en cajas bonitas acabarán con el problema. Pero me temo que esto no funciona así: puede que se vea lindo, pero no necesariamente vas a encontrar las cosas que necesitas en el momento en que lo requieres. **El objetivo de tener un espacio organizado es lograr que se vea estético, pero sobre todo que sea funcional.**

Por eso es tan importante hablar de sistemas, el segundo elemento de la organización. Hace unos años, una clienta me llamó quejándose del esfuerzo que le representaban las labores de la cocina a su edad. A pesar de ser autosuficiente, se sentía cansada, su cuerpo ya no era el de antes. Cuando llegué a organizar su espacio, le pedí que me explicara cuál era su rutina de la mañana, para entender cómo podía conseguir que funcionara mejor para ella.

—Pues, mira, lo primero que hago al despertar es prepararme un cafecito —me indicó—. Vengo a estas puertitas de aquí y me agacho para tomar una taza; después, abro el cajón de allá y elijo una cuchara; luego, vengo para acá y saco el café; y al final, tomo este banquito para poder alcanzar el azúcar.

Mi clienta se deslizaba por el piso, de un extremo al otro de la cocina, casi como si estuviera bailando un vals.

—¡Y cómo no va a estar cansada! —le expresé—. Si solo con verla bailar por toda la cocina ya me cansé.

Entonces, observé con atención a mi alrededor y noté que había un entrepaño con unas puertitas, justo entrando a la cocina, a una altura muy adecuada para ella: no necesitaba el banquito para llegar a él ni requería agacharse para sacar el contenido. Le pregunté:

—Y ese entrepaño, ¿para qué lo usa? ¿Qué guarda ahí?

—¡Ah! Pues es que ahí tengo mi pavera de Navidad. Hago un pavo que queda ¡para chuparse los dedos!

Yo no daba crédito a lo que me decía.

—A ver si entiendo: hace pavo una vez al año, y tiene la pavera en el lugar más accesible y funcional de toda su cocina; pero, para prepararse el café cada mañana, ¿tiene que pasar por cuatro lugares diferentes de la cocina?

—Mmm, nunca lo había pensado... Es que como la pavera siempre ha estado ahí, no se me había ocurrido moverla de lugar.

¡Claro! Nadie nos ha enseñado a crear sistemas para que nuestro espacio funcione y no tengamos que estar bailando de un extremo a otro hasta lograr el objetivo. Cuando implementas sistemas, solo tienes que enfocarte en llevarlos a cabo y mantenerlos, sin necesidad de acabarte las rodillas agachándote por algo que usas todos los días o exponerte subiéndote a banquitos todas las mañanas cuando tienes 75 años.

Como lo notarás, la organización va más allá del orden, pero ambos procesos son esenciales para liberarnos del caos y vivir más bonito. Poco a poco, profundizaremos en el paso a paso para conseguirlos y no rendirnos a mitad del camino.

Tipos de desorden

Cuando pensamos en desorden, por lo regular imaginamos ropa tirada, papeles amontonados o muebles de cocina que nos hacen la vida un poquito más complicada. Es fácil ver el desorden como ese caos físico que está frente a nosotros; sin embargo, la realidad es que el desorden físico casi siempre es reflejo de algo más profundo: el desorden emocional.

El desorden físico

Este tipo de desorden abarca todo lo tangible y visible, todas esas cosas que, aunque parecen simples objetos, representan decisiones, propuestas y proyectos sin concluir. Se trata de la acumulación de lo que ya no aporta a tu vida. Algunos ejemplos claros de desorden físico incluyen:

- **Libros y papeles:** libros y revistas viejos, documentos importantes mezclados con papeles innecesarios, como tickets de compra acumulados.
- **Objetos sin uso:** ropa que ya no te queda, cajas vacías, cables y aparatos que guardaste «por si acaso».
- **Acumulación de recuerdos:** fotos, entradas de eventos, cuadernos de etapas pasadas que ya no tienen un propósito en tu vida actual.
- **Exceso de insumos y compras duplicadas:** frascos y recipientes repetidos en la cocina, herramientas que no usas.

Cada uno de estos objetos físicos corresponde a un pendiente sin resolver. Si bien puedes cerrar la puerta y salir de casa para alejarte del desorden físico, este permanece, acumulándose y esperando tu atención. La presencia continua de este desorden crea, de forma inevitable, una carga emocional, aunque no siempre nos demos cuenta.

El desorden emocional

Este desorden es menos tangible, pero igualmente poderoso. Se refleja en los pensamientos, emociones y patrones que nos frenan, en la falta de paz mental y en los conflictos sin enfrentar. Este desorden es el que verdaderamente nos sigue a donde vayamos, porque vive en nuestra mente y afecta nuestra forma de actuar y reaccionar. Algunos ejemplos claros de desorden emocional incluyen:

- **Excusas para no accionar:** postergar decisiones, justificar el desorden y resistirnos a los cambios necesarios.

- **Frustración y estrés:** sentir que los pendientes te superan, que no hay tiempo suficiente o que estás fallando en áreas de tu vida por culpa del caos.
- **Metas sin cumplir y proyectos inconclusos:** planes que iniciaste, pero nunca llevaste a cabo, sueños detenidos por inseguridades o falta de tiempo.
- **Afectaciones en la vida diaria:** discusiones de pareja sobre el desorden, tiempo que pierdes buscando cosas porque no recuerdas dónde las dejaste, conflictos por olvidos o duplicación de compras innecesarias.

El desorden emocional es persistente y complicado, ya que no podemos escapar de él tan fácilmente como del físico. Incluso si ordenas el espacio de forma superficial, el desorden emocional permanece hasta que lo identifiques y tomes acciones profundas para resolverlo.

Los dos tipos de desorden están profundamente entrelazados. Por eso, cada paso que tomas para organizar tu espacio físico es un paso hacia la calma emocional, porque es más fácil concentrarse, sentir satisfacción y ver con claridad.

> ESO QUE ES EN EL EXTERIOR
> SE ASEMEJA A LO QUE
> RESIDE EN EL INTERIOR.
> **PRINCIPIO DE *FENG SHUI***

Cuando descartas objetos que ya no necesitas, decides qué es importante, y en ese proceso, también despejas tu mente. La acción física de organizar nos ayuda a reconectar con lo que realmente importa y a dejar atrás lo que nos pesa.

Y recuerda, hasta que no encuentres la causa de tu desorden, será más difícil organizarte y mantener el orden tanto física como emocionalmente. Tal vez necesitas trabajar en soltar apegos, en superar ciertas creencias limitantes o en aprender a poner límites. Identificar estas raíces te permitirá construir una base para que el orden sea duradero y, sobre todo, te aporte paz a nivel interno y externo.

El apego: aferrarse o soltar

Me llamó mucho la atención un lienzo pequeño que mi hermana y mi cuñado trajeron de su viaje de luna de miel en Asia. El lienzo estaba en blanco y contaba con una estructura en la base en la que podías poner un poco de agua. A un costado, había un pincel que debías mojar en el agua para dibujar. Empecé a experimentar con él e hice un dibujo que, la verdad, no me quedó nada mal. Tomé el lienzo y caminé para mostrárselo a mi hermana. En cuanto llegué con ella, mis trazos se habían desvanecido.

—¿Cómo? ¿Qué pasó? Había hecho algo superlindo y quería enseñártelo, ¡pero desapareció!

Ella, con cara traviesa y un poco burlona, me contestó:

—Ese es el propósito que tiene, hermana... trabajar el desapego. Es un lienzo especial para que hagas la mejor de tus creaciones, la disfrutes y después la dejes ir.

Me dejó con el ojo cuadrado y la boca abierta. ¡Qué bonito lo había explicado mi hermana, y qué gran lección me había dado ese curioso lienzo!

Ya hablamos de que el desorden empieza cuando las cosas que tenemos en la vida dejan de tener sentido o propósito para nosotros, cuando ya no nos hacen sentir plenitud. Por eso, recuperar el orden tiene que ver con aprender a desapegarnos de esas cosas que ya no suman. Y estoy convencida de que el apego es la causa principal que nos frena para crear una vida más sencilla y libre de caos. Así que, ¡manos a la obra! En este capítulo, quiero contarte lo que significa el desapego y cómo podemos aprender a soltar en lugar de aferrarnos.

Desde que nacemos, vamos experimentando diferentes «desprendimientos». Primero, cuando llegamos al mundo y nos separamos de nuestra mamá. Luego, cuando pasamos por el destete; esa es la primera vez que el bebé se da cuenta de que su mamá, de pronto, «desaparece», lo que le genera angustia hasta que la mamá regresa y vuelve a sentir tranquilidad. Para muchos bebés, aparece el famoso objeto de transición, como un peluche, una cobijita o un chupón, que le ayuda a sentir calma cuando mamá no está.

El siguiente «desprendimiento» ocurre en la famosa etapa del «no», a los 2 o 3 años, cuando los niños empiezan a definir su identidad y a decirles «no» a sus papás. Sin embargo, aunque juegan a la independencia, necesitan la seguridad de verlos cerca. Es como cuando llamas a un niño y te dice que no irá, pero apenas te alejas, corre detrás de ti porque se siente inseguro.

El problema surge cuando, en lugar de ser algo temporal, el apego a esos objetos o personas crece con nosotras y se vuelve algo difícil de dejar incluso en la adultez. Desde ahí, empezamos a formar la necesidad de algo o alguien que nos haga sentir seguras. **Cuando el apego se convierte en dependencia, ya no es un apoyo, sino una limitación.**

La adolescencia debería ayudarnos a procesar ese apego y a superar el miedo al abandono. Si no se trabaja en esta etapa, seguimos siendo el «eterno adolescente» o un Peter Pan, por el síndrome que lleva ese nombre. La vida sigue cambiando, pero nosotras nos anclamos en la misma necesidad, y eso nos causa sufrimiento.

Piénsalo así: al tratar de llenar un vacío interior con apegos (ya sea en una relación, ropa, tecnología o incluso decoraciones), ponemos nuestra felicidad en algo que está fuera de nosotros. Y claro, cuando esas cosas se transforman o se van, sentimos que nuestra felicidad también desaparece, dejando un vacío (quizá más grande) que vuelve a doler.

La felicidad no proviene de lo que poseemos o de las personas en nuestra vida; la felicidad es algo que está en nuestro interior, y no necesitamos que nada ni nadie la complete. La clave está en aprender a disfrutar de las cosas y personas sin depender de ellas.

Antes de profundizar en los tipos de apego y las maneras como puedes aprender a desapegarte, quisiera detenerme en uno de los casos que más me han marcado como organizadora profesional. Me refiero precisamente a un Peter Pan, quien, por su huella tan grande de abandono, estaba afectando a toda su familia.

La historia comienza cuando una señora, embarazada de gemelas y con una niña de dos años, me llamó para pedirme ayuda con la organización de su hogar. Cuando se casó, ella se mudó al departamento de su esposo, por lo que tuvo que adaptarse al espacio de él. Al principio, todo parecía funcionar: aunque sus pertenencias no cabían en el clóset principal, las colocó en el clóset del cuarto de invitados, el cual tuvo que compartir cuando llegó su primera hija.

Ante la noticia de que esperaban gemelas, y al verse sumamente limitada por el espacio, buscó mis servicios. Vivir un embarazo gemelar con angustia no se lo deseo a nadie. Además, ¿qué tan difícil podía ser el proyecto?

Claramente no imaginaba lo que me esperaba. Resultó que su esposo tenía rasgos obsesivo-compulsivos y era altamente aprehensivo con todas sus cosas, sobre todo con sus «colecciones». El 60% del departamento estaba ocupado por cuantiosos casetes,

DVD, Blu-ray, vinilos, CD, libros, dispositivos tecnológicos, cables, *gadgets*, figuras de colección, coches a escala y otros elementos. Y aunque todos esos objetos estaban en el mejor estado posible y representaban mucho valor económico y sentimental para él, significaban apegos: realmente no los estaba honrando y mucho menos disfrutando, además de que restaban a su vida actual como esposo y futuro papá de tres.

Trabajar en el desapego resultó ser todo un reto tanto para él como para mí, al guiar el proceso. Me tomó cada domingo, ¡durante dos años!, depurar ese departamento y lograr que el esposo se quedara con las cosas necesarias para darles espacio a las cuatro mujeres de la familia. Y aunque fue complejo en todos los aspectos, también lo tomé como un gran aprendizaje para siguientes casos similares.

Tipos de apego

¿Con qué llenas el vacío que sientes? Para ayudarte a responder, vamos a revisar más a fondo los diferentes tipos de apego que existen.

Apego a ideas

Te «clavas» tanto en tus ideas que esperas que el mundo funcione como tú crees. Es la mentalidad de «aquí solo mis chicharrones truenan» o el famoso «It's my way or the highway!». Cuando estamos apegados a nuestras ideas, cerramos la puerta a otros puntos de vista, creyendo que nuestras opiniones son parte esencial de nuestra identidad.

Apego a creencias

Te aferras a creencias del pasado que ni siquiera has cuestionado. Son esas ideas rígidas que hemos heredado o adoptado, y que a veces ni siquiera nos benefician, pero que seguimos manteniendo. Piensa en frases como: «Los hombres no lloran», «Las mujeres pertenecen a la cocina» o «Soy desordenado porque así es mi familia, lo traigo en la sangre». Si no cuestionamos estas creencias, pueden limitarnos y detener nuestro crecimiento.

Apego a objetos

El objeto y tú están tan vinculados que parece que una parte de tu identidad está atrapada en él. Este apego puede venir de un valor sentimental (como conservar una prenda de un ser querido fallecido) o de un valor económico o simbólico (como un objeto que crees que representa un logro; por ejemplo, la pluma con la que firmaste tu título de Arquitectura y que fue de tu abuelo). Cuando uno de estos objetos se pierde o se rompe, parece que nuestra propia identidad se tambalea.

Apego a lugares

Para muchas personas, dejar la tierra que las vio nacer o ese lugar donde crecieron es impensable. Este es el apego que puede hacerte soportar una situación difícil solo porque sientes que es «todo lo que conoces». A veces, la idea de mudarse a un lugar nuevo y desconocido, sin familia ni amigos, puede generar una resistencia tan fuerte que preferimos quedarnos en lo familiar, aunque no sea lo mejor para nosotros.

Apego a procesos

Surge cuando nos sentimos cómodos con ciertos hábitos o rutinas, llevándolos al extremo. ¿Has visto la película española *Toc toc*? En ella, ves personajes que están apegados a sus procesos: no pisar líneas, contar repetidamente o lavarse las manos cada cierto tiempo. Este tipo de apego suele propiciar que cualquier interrupción en la rutina nos provoque gran ansiedad.

Apego a personas

Apegarnos a una persona y no poder imaginarnos lejos de ella es una de las formas más comunes de apego. Ya sea un apego sexual, emocional o social, el apego a personas puede llevarnos a buscar en ellas algo que sentimos que nos falta, como llenar esa «huella de abandono». Y cuando el apego se vuelve dependiente, aparecen los celos y la necesidad de control, lo que muchas veces termina arruinando la relación.

Aprender a desapegarnos

Cuando pierdes algo o a alguien, sueles martirizarte con el constante recuerdo del pasado o el terrible dolor de lo que pudo haber sido en el futuro. Sea el apego que sea, la clave para desapegarte está en vivir el aquí y el ahora. Si te atreves a soltar, entonces dejas de sufrir; quizá pierdes el objeto o a la persona, pero no tu paz interior. Tú no eres ese objeto y la paz dentro de ti no se va con ese objeto o esa relación, porque ¡todo está dentro de ti!

> SOLO PUEDES PERDER ALGO
> QUE TIENES, PERO NO PUEDES
> PERDER ALGO QUE ERES.
> **Eckhart Tolle**

Retomemos el ejemplo de la pluma que te dio tu abuelito: si eliges vivir el duelo de soltarla, no te perderás a ti porque sabes que sigues siendo tú sin esa pluma. ¡Y mucho menos dejas atrás tu rol profesional! Se acaba un vínculo, pero tú no te haces menos sin él. ¿Me explico? Por eso, entre menos apego a ideas, creencias, cosas, lugares o personas, más libertad y gozo, porque vivimos sin miedo a perder algo.

Pero entonces, ¿cómo le hacemos para superar una pérdida? Muy buena pregunta. Aunque no soy una experta en la materia, he aprendido conceptos valiosos de personas que admiro y que considero verdaderos expertos en el arte del desapego.

Comencemos por Elisabeth Kübler-Ross, quien, al trabajar con miles de enfermos terminales, identificó las fases del duelo que todos atravesamos en alguna etapa de la vida: negación, ira, negociación, depresión y aceptación. Su libro *La muerte: un amanecer* me ayudó a entender y, en su momento, a aceptar la muerte de mi mamá. Si estás atravesando una pérdida, te recomiendo muchísimo que lo leas; te cambiará la perspectiva sobre la muerte... ¡y también sobre la vida!

Elisabeth nos ayuda a ver la vida como una serie de ciclos, donde cada comienzo y cada final nos deja una lección invaluable. Uno de los aprendizajes más importantes que me llevé de este libro es que las transiciones y los cierres son parte de ese flujo continuo. Así que, cuando te enfrentes a un cambio difícil, pregúntate: ¿cómo puedo ver este momento no como un final absoluto, sino como una oportunidad de crecimiento?

Ella también nos invita a darles espacio a nuestras emociones. Para superar cualquier duelo, hay que dejarlas fluir sin juzgarlas. No siempre nos permitimos sentir porque creemos que deberíamos ser «más fuertes» o «tener más control», pero esa resistencia nos limita. Así que, piensa en aquella emoción que has estado evitando y, sin censura, dedícale un momento para escribir sobre ella. Deja que salga todo, porque abrirte al dolor, a la tristeza o a la incertidumbre es solo una parte del camino; no se trata de eliminar las emociones, sino de procesarlas para liberarlas.

Otra gran lección de Elisabeth tiene que ver con el miedo a lo desconocido. La incertidumbre, que tanto nos inquieta, surge del no saber qué va a pasar, de anhelar certezas que no existen. Ante cualquier pérdida, reconocer esa incertidumbre y preguntarnos qué es lo que realmente nos asusta de ese cambio puede darnos la claridad que necesitamos para vivir el proceso. Te invito a que hagas una lista de esos miedos y les des la bienvenida, sin buscar respuestas de inmediato o sin querer controlarlos; simplemente permite que estén presentes.

Finalmente, nos enseña a practicar la gratitud incluso en los momentos difíciles. Su mensaje me inspira a ver cada despedida o pérdida con una gratitud de corazón. Cuando atravieses un duelo, reflexiona sobre el cambio que estás viviendo y haz una lista de las enseñanzas que este proceso te ha dejado. Pregúntate: ¿cómo ha contribuido este cambio a mi propio crecimiento? Conectar con esos aprendizajes te dará muchísima fuerza para seguir adelante.

Por otro lado, Louise Hay nos dejó un legado hermoso al identificar cómo nuestro cuerpo nos habla a través de las enfermedades y los malestares físicos, somatizando lo que no somos capaces de escuchar y que requiere nuestra atención. Su libro *Tú puedes sanar tu vida* es una joya y debería ser el libro de cabecera para todos. En él, Louise explica que tendemos a repetir situaciones, como un dolor de cabeza o un malestar estomacal, cuando no hemos aprendido la lección. No es que atraigamos lo que nos sucede, más bien lo escogemos porque es precisamente lo que necesitamos comprender para elevar nuestro nivel de conciencia. Por ejemplo, no es que siempre escojas a la pareja que te trata mal, sino que la seguirás eligiendo hasta que, por fin, superes la prueba y salgas de ese círculo vicioso.

Un aprendizaje valioso de Louise Hay es que el apego no es solo un proceso emocional o mental, sino que también tiene impacto en nuestro bienestar físico. Cuando nos aferramos a personas, situaciones o emociones que nos hacen daño, el cuerpo comienza a manifestarlo como un llamado de atención. Aprender a desapegarse es, en parte, aprender a escuchar esas señales y atenderlas antes de que se conviertan en malestar.

Una forma de aplicar el desapego, según lo que nos enseña Louise, es preguntarnos: ¿a qué me estoy aferrando en este momento? Por ejemplo, si tienes tensión en el cuello o dolor de espalda, toma un momento para reflexionar sobre qué peso estás cargando, y escribe tus pensamientos, dejando que salga todo, aunque al principio no lo veas claro. Al soltar esas palabras, comenzarás a liberarte del peso que representan.

Louise también sugiere que, en lugar de ignorar o «empujar» esos malestares, podemos hablar directamente con ellos para comprender su mensaje. Puedes probar esto en silencio o en voz alta: «Dolor de cabeza, ¿qué me quieres decir?» o «Tensión en el pecho, ¿qué necesito liberar para estar en paz?». Si te ayuda, escribe lo que te venga a la mente después de hacer esta pregunta, sin juicios, y nota si lo que escribes tiene algo en común con lo que quieres soltar.

Al abrir espacio para esta práctica, no solo escuchamos mejor lo que nuestro cuerpo nos pide, sino que comenzamos a liberarnos del apego hacia aquello que nos lastima. El desapego se convierte en un camino de autoaceptación y sanación profunda, donde lo importante es estar en paz con nosotras y, como dice Louise, crear una vida amorosa y compasiva.

También quiero hablarte de una de las personas que más admiro: mi maestro de semiología de la vida cotidiana, el doctor Alfonso Ruiz Soto, quien sostiene que ver «el hecho en sí y no el hecho en ti» es la vía para dejar de sufrir ante cualquier situación. Cuando le pregunté cómo podemos ser felices a través del desapego, me contestó: «¿Cuándo vas a ser feliz? Cuando ames sin poseer, porque cuando quieres poseer, sufres. La huella de abandono se manifiesta a través de las emociones negativas y las conductas compulsivas. ¿Quieres disfrutar algo?

Desapégate de él». ¡Cuánta razón! Si tenemos un apego tan grande a una cosa o a una persona y nos separamos de ella, en ese momento nos entra la nostalgia de lo que fue o de lo que pudo haber sido, sin disfrutar el presente por estar pensando en la ausencia de esa cosa o persona. No se trata de vivir así, ¿estás de acuerdo?

> CUANTO MÁS POSEES,
> MÁS ERES POSEÍDO.
> **NIETZSCHE**

Conclusión: a mayor apego, menor felicidad. Y como todos queremos ser felices, la clave está en desapegarnos... básicamente de todo.

Sí, ya sé que suena complicado, pero te sigo compartiendo más aprendizajes de mi maestro Alfonso para complementar esta idea. Él explica que, cuando no «tenemos» algo dentro de nosotros (porque en realidad no lo logramos ver), nos aferramos a un objeto específico que utilizamos como «curita» para llenar ese vacío, lo que nos lleva a sufrir. Por ejemplo, cuando fallece un ser muy querido y no queremos deshacernos de sus cosas porque nos lo recuerdan. Sabemos que esas cosas no son esa persona, pero es la forma que tenemos de representarla en su ausencia.

Y está bien, se vale. Es muy lindo tener un objeto que nos recuerde a alguien querido, el problema surge cuando una casa entera se convierte en un altar dedicado a la persona fallecida, y deja de funcionar como casa para las personas que siguen habitando en ella.

Espero que no me malinterpretes y me consideres una persona insensible ante este tipo de situaciones; parte de mi trabajo conlleva acompañar con empatía y paciencia a mis clientes. Muchas personas me llaman precisamente para que las ayude a soltar y a recuperar su espacio (y su vida) para empezar a crear nuevos recuerdos. Yo misma lo viví con la pérdida de mi mamá, a quien le agradezco enormemente que nos haya preparado para su partida recordándonos que estaría presente en todo momento dentro de nosotros, y que no era necesario quedarnos con cosas que la representaran.

> LOS VÍNCULOS NUNCA SE TERMINAN, SOLO SE TRANSFORMAN.
> **Alfonso Ruiz Soto**

En uno de mis primeros proyectos fui testigo de las dolorosas secuelas del apego. Después de más de dos décadas de matrimonio, mi clienta estaba devastada tras divorciarse de su esposo, al grado de que ni siquiera podía cruzar la puerta de su propia habitación. Cada rincón le recordaba a él, a los años compartidos y a todo lo que vivieron juntos.

Al dejar de entrar a su habitación, comenzó a dormir en la sala, lo que deterioró su salud física y emocional. La habitación, abandonada durante años, acumulaba polvo y recuerdos, ya que no permitía que nadie tocara nada. Quería que todo permaneciera como cuando su matrimonio aún existía, aferrándose a esos objetos como si así pudiera cristalizar el recuerdo de lo que alguna vez fue.

Cuando su familia nos llamó, la situación ya estaba fuera de control. La acumulación se había extendido a toda la casa, afectando también a sus hijos. Intervenimos con toda la compasión posible, ayudándole a entender que esa acumulación estaba bloqueando su presente y su futuro.

Hicimos una depuración profunda de la sala, la cocina, el comedor y su área de trabajo. La planta baja quedó transformada, y sentíamos que habíamos avanzado, pero el proceso no fue tan lineal. Cuando intentamos trabajar en su habitación, entró en crisis y nos detuvo por completo. A veces, las personas no están listas para dejar ir del todo, y eso también está bien. Hay que respetar los tiempos y los procesos de cada uno.

Este proyecto también me dejó otra lección profunda, porque empecé a creer que le había fallado a la familia y que no había logrado el objetivo completo. Entonces, la que tuvo que aprender a desapegarse fui yo, soltando la idea de que el éxito depende de un final perfecto. La vida nos enseña, una y otra vez, a desapegarnos de los resultados, a soltar las expectativas.

Si logramos comprender que lo externo a nosotros representa cargas emocionales que nosotros mismos depositamos, seremos una sociedad mucho menos apegada y acumuladora, y más libre y apreciativa de las relaciones reales, y no de la representación de ellas a través de las cosas que poseemos.

Existen muchas maneras creativas para desprendernos de cosas sin cortar de tajo el vínculo emocional. Por ejemplo, en lugar de conservar la vajilla de 24 personas que ocupa media alacena en tu departamento de 65 m^2, pero que te regaló tu suegra y nunca usas porque la alucinas (la vajilla, no a tu suegra), puedes sacarle una foto y guardar el recuerdo de ese gran detalle que tuvo contigo el día de la boda. Acepta la realidad de que no puedes guardar algo que ocupa tanto espacio y que no usas, y permite que alguien más la disfrute.

Lo mismo puedes hacer con los peluches de tu infancia: guarda solamente uno y toma fotos de los demás. Te seguirán evocando lindos recuerdos, pero sin ocupar media cama, además de que estarás respirando menos ácaros y polvo.

Soltar el apego no significa olvidar, sino valorar lo que nos rodea sin dejar que nos ate. Así, podemos tomar todo eso que lleguemos a «perder» para transformarlo en sabiduría y enriquecer nuestro presente y nuestro futuro. ¡Qué paz!, ¿no crees?

¿Por qué no somos organizadas?

Además del apego, he identificado diez causas más que podrían contribuir a tu desorden. Quizá al leerlas te identifiques con dos o tres, con todas o con una en especial. Más allá de que logres reconocerlas, lo importante será trabajar en profundizar en tu interior para entender las causas de tu desorden, así como aplicar las estrategias que te propongo para trascenderlas. Recuerda que nada de lo que describo a continuación es juicio; al contrario, estos *veintes* te ayudarán a encaminarte hacia una vida organizada y armoniosa.

Nadie nos enseñó cómo hacerlo

La mayoría de las personas tiene posesiones, sin importar cuántas o de qué valor; muchos tenemos un hogar, pequeño o grande. Sin embargo, nadie nos enseñó cómo soltar apegos o vivir en armonía, de forma práctica y funcional.

Aprendimos física, química y demás temas que nunca llegaríamos a usar. ¡Ah, cómo me costó aprender la famosa tabla periódica de los elementos! Y ¿todo para qué? ¡No la he usado ni un solo día en mi vida! Pero que yo recuerde, ninguna de mis clases escolares fue: Organiza tu cuarto 1.1, Libérate de los apegos 3.2 o Cómo organizar tus documentos, nivel avanzado.

No es fácil pedir ayuda, y mucho menos aceptar que no tenemos el control de nuestro espacio, especialmente cuando se supone que deberíamos poder mantener nuestra casa ordenada o, por lo menos, funcional. La realidad es que no siempre es así, y eso está bien. Según la experiencia de mi mentora Marla Dee: **solo el 10% de la población tiene el gen de la organización** y la noción para tener su espacio ordenado.

La buena noticia es que, aunque no hayas nacido con ese gen, ordenar y organizar son habilidades que puedes adquirir y mejorar con la práctica y el tiempo si tienes la intención, la dedicación y —sobre todo— la guía para hacerlo. Y si no sabes por dónde empezar o crees que estás fallándole a tu pareja, a tu familia o, peor aún, fallándote a ti misma, piensa que no eres la primera ni serás la última persona en sentirse abrumada, y que ya diste el primer paso para transformar tu espacio y ponerle, de una vez por todas, orden a tu caos.

Recomendaciones

1. **No necesitas hacer todo de golpe.** Comienza poco a poco, en zonas pequeñas, como un cajón o una repisa. Dedica 15 minutos a organizar solo esa parte y experimenta la satisfacción de haberlo logrado. Pequeños avances te darán motivación para continuar con zonas más grandes.
2. **Haz de la organización un hábito diario.** Así como tenemos rutinas de limpieza, podemos integrar acciones diarias de organización. Por ejemplo, al final del día, dedica 15 minutos a revisar tu espacio y colocar todo en su lugar. Aunque parecen poco, estos minutos hacen una gran diferencia en el largo plazo.

3. **Busca inspiración y guía.** Puedes apoyarte en libros, videos e incluso en este mismo libro como referencia constante. Rodearte de herramientas te ayuda a estructurar mejor el proceso y a entender que todos aprendemos en el camino.

No creamos sistemas, aprendemos costumbres

Tampoco hemos aprendido que necesitamos diseñar e implementar sistemas en nuestros espacios, y que las cosas a nuestro alrededor deben hacernos la vida más sencilla, no más complicada.

> *Las cosas deben estar a nuestro servicio, no nosotros al servicio de las cosas.*

En la cultura latina, es usual que nuestras decisiones y formas de vida se basen en costumbres familiares, sin cuestionarlas ni saber de dónde vienen.

Mi abuela corta las puntas del pepino y con ellas frota de manera circular cada extremo de este. Según ella, este procedimiento evita que el pepino sepa amargo.

—Pero ¿por qué hacer eso evita que se amargue?

—Pues, no lo sé, pero así lo hacía mi abuela, y luego mi mamá, y así lo hago yo. Así que ahora tú tienes que aprenderlo, para después enseñárselo a tus hijos.

Aunque sigo sin entender la razón, cada vez que parto un pepino replico instintivamente lo que me enseñó mi abuela. Y así, hacemos y hemos dejado de hacer muchas cosas. La vida pasa y seguimos el ejemplo de lo que vemos, sin investigar o aprender nuevas formas que resulten más efectivas y alineadas a nosotras.

Recomendaciones

1. Crea sistemas que se adapten a ti. Observa tus hábitos y piensa en cómo puedes hacer que las cosas fluyan mejor en tu día a día. Por ejemplo, si tiendes a dejar las llaves en cualquier lugar, define un espacio cerca de la puerta para estas.
2. Cuestiona tus costumbres. Pregúntate si los métodos que usas en realidad te funcionan o si simplemente los empleas «porque así los aprendiste». Ser consciente de esto te permite reemplazar viejas costumbres con hábitos prácticos que reflejen tu vida actual y tus necesidades reales.
3. Simplifica. Los sistemas deben ser fáciles de mantener. Si algo requiere demasiado esfuerzo o tiempo para organizar, tal vez necesite simplificarse. Encuentra maneras de que cada sistema que implementes haga tu vida más sencilla y no más complicada.

No honramos nuestro espacio

Antes, muchas personas, especialmente mujeres, dedicaban gran parte de su tiempo al hogar y la familia, lo que les permitía mantener en orden sus espacios. Hoy en día, el ritmo de vida ha cambiado, y muchas más personas eligen o necesitan dedicarle tiempo a su carrera, además de atender su hogar. En muchos casos, ambos miembros de una pareja trabajan, y no todas las familias tienen la posibilidad de contratar ayuda.

Seamos realistas, incluso si vives sola o no tienes hijos, puede ser difícil encontrar el tiempo y la energía para cuidar y organizar cada rincón de la casa. Entre las obligaciones cotidianas, cada vez tenemos más compromisos y menos tiempo, más estrés y menos claridad, más acelere y menos paz mental. Entonces, ¿en qué momento invertimos atención y energía para recuperar el orden y la estructura que tanto necesitamos en nuestro espacio?

Cuando llegué a vivir a la Ciudad de México en 2012, tuve la fortuna de encontrar a una persona que me ayudaba con la limpieza una vez cada 15 días. La dinámica cambió un poco cuando mi perrito Chai llegó a mi vida, en diciembre de 2022; hoy en día, recibo apoyo una vez a la semana.

Yo lavo y guardo mi ropa, lavo los platos después de usarlos y tiendo mi cama al despertar. Lo disfruto, no me cuesta trabajo hacerlo (bueno, la lavada de platos sí me cuesta; pero si se tiene que hacer, se hace), porque creo que es una manera de honrar el espacio en el que vivo. Y así, la señora que me ayuda se encarga de hacer la limpieza «profunda»: aspirar, trapear, lavar los vidrios y espejos, limpiar los baños, la estufa, el refrigerador, sacar la basura inorgánica, etcétera.

Las personas a mi alrededor no logran entender cómo mi casa puede mantenerse tan limpia y ordenada con tan poco mantenimiento. Parece increíble, pero la clave ha sido llevar a cabo todo lo que te comparto en estas páginas. Esperando que, al aplicarlo, tú también puedas mantener tus espacios limpios y ordenados por más tiempo.

Además, la idea de honrar nuestros espacios no excluye el hecho de que sean propios o rentados. «Cómo le voy a "meter" a una casa que no es mía» es la forma de pensar de muchas personas que rentan, pero no coincido con ellas. He rentado prácticamente todos los lugares en los que he vivido, a pesar de que no sean de mi propiedad y los habite por unos cuantos meses, quiero vivir en el espacio de mis sueños. Por eso, soy de las que coloca cortinas, pinta paredes, decora con accesorios lindos, agrega lámparas y hasta ¡papel tapiz! ¿Qué te puedo decir? ¡Me gusta vivir bonito!

Recomendaciones

1. Crea un refugio. Dedica tiempo y energía a organizar y decorar tu espacio como a ti te gusta, pensando en lo que te hace sentir bien. Con el tiempo, vivir en un espacio bien cuidado se convierte en un hábito que mejora tu bienestar y transforma cualquier lugar en un hogar.
2. Personaliza sin miedo. Agrega detalles pequeños que embellezcan el ambiente, como cortinas, cojines o lámparas. No tienes que hacer una remodelación completa; a veces son los toques personales los que nos hacen sentir más conectados con nuestro espacio. Si pintar o colocar papel tapiz fijo no es una opción, hay alternativas removibles como viniles decorativos o papel tapiz de fácil desinstalación: te ayudarán a crear un espacio acogedor sin comprometer el estado del lugar al momento de mudarte, ¡y son muy accesibles!
3. Protege tu santuario. Tu hogar es el espacio más sagrado que tienes, en donde vives, creces y pasas la mayor cantidad tiempo. Por eso, no dejes que entren cosas que no quieres, que no van contigo, que no disfrutas o no te gustan. Quedarte cosas por presión o compromiso es serles fiel a las personas de afuera, y a la única persona que debes serle fiel es a ti misma. Honrar tu espacio también significa poner límites sin culpa.

No paramos de comprar

¿Te ha pasado que compras por comprar o adquieres cosas y no te deshaces de nada cuando las nuevas llegan? Compramos de manera desmedida cuando tratamos de llenar un vacío muy grande con objetos materiales (¿recuerdas el apego por objetos?). Lo malo es que, una vez realizada la compra, el *rush* se va desvaneciendo poco a poco y el vacío permanece. Lo único que se llena es el clóset, la alacena, la bodega, los cuartos, los baños, la cocina. ¡Toda esa acumulación empieza a traer consecuencias negativas en el espacio! Como deudas, discusiones y tensión entre familiares. Todo por intentar satisfacer con cosas un vacío en lugar de buscar dentro de nosotras.

Recomendaciones

1. Haz espacio antes de comprar algo nuevo. Dedica unos minutos a revisar lo que ya tienes y deshazte de aquello que ya no usas o que ya no funciona. Recuerda que el espacio vacío también tiene valor. Si sientes que tu hogar ya tiene lo necesario, disfruta el orden y la tranquilidad que te ofrece sin la necesidad de llenar cada rincón.
2. Aplica el equilibrio. Si decides adquirir algo, como una prenda o un objeto decorativo, dale la bienvenida con la regla de «entra uno, sale uno». De esta forma, mantendrás una energía ligera y balanceada en tu espacio.
3. Compra con intención y prioriza las experiencias. Antes de añadir algo a tu carrito (virtual o físico), haz una pausa para preguntarte si lo necesitas y qué emoción o necesidad estás buscando satisfacer. Muchas veces, un buen momento con alguien especial o una experiencia fuera de la rutina puede darte mucho más que un objeto nuevo, dejándote recuerdos que llenan más que cualquier compra.

No sabemos adaptarnos al cambio

Puede tratarse de la llegada de un nuevo bebé o la pérdida de alguien cercano; de la travesía que representa una boda o una mudanza retadora; de las gestiones frente a un asunto legal o los cambios ante una mascota nueva, un cambio de ciudad o un trabajo diferente. Sea cual sea la situación, te ves afectada por un evento que no te permite organizarte. Tus sistemas cambian y pierdes el control, interrumpiendo tu rutina y causando desorden mental y, por ende, físico. ¡Todas hemos estado ahí!

Recomendaciones

1. Acepta el cambio. La vida está llena de transformaciones, algunas más desafiantes que otras. Permítete procesar cada cambio a tu ritmo, pero también con intención de adaptarte. Crea un plan sencillo para reestructurar tu espacio o rutina, y ten paciencia mientras los ajustes se integran. Por ejemplo, en una mudanza, todo es nuevo: la ciudad, los vecinos, la casa... Al principio puede parecer abrumador, pero poco a poco encontrarás la manera de hacer de ese espacio tu nuevo hogar.
2. Redefine tus sistemas. Cuando tu vida cambia, tus sistemas también necesitan ajustarse. Quizá ahora necesites un área para el bebé o simplificar el espacio si te mudaste a un lugar más pequeño. El objetivo es adaptar cada área para que te sirva en el presente, no en el pasado o en el futuro. Mantente flexible y abierta a probar lo que funcione mejor en esta nueva etapa.
3. Encuentra tu ritmo y tus prioridades. Tómate un momento para identificar qué es esencial en esta nueva situación

y qué puede esperar, porque quizá te estás exigiendo demasiado. ¡No tienes que hacerlo todo ni tienes que hacerlo en el momento! Priorizar y delegar, cuando sea posible, ayuda a que la transición sea más llevadera y menos caótica.

Nos perdemos en el perfeccionismo

Cuando perseguimos la perfección obsesivamente, nos paralizamos. Queremos los materiales exactos, el plan ideal, el tiempo suficiente... y si algo no está «perfecto», preferimos no hacer nada, lo que nos lleva a la frustración. Tal vez una semana nos exigimos ser las más organizadas, pero basta con que algo pequeño falle para que todo se desmorone. En nuestra mente, es todo o nada, y este enfoque tan extremo detiene nuestro avance y, peor aún, permite que el desorden regrese con más fuerza.

La realidad es que ¡la perfección no existe! Y buscarla solo nos desvía de lo esencial. Me viene a la mente una frase de Michael J. Fox que me ayuda a aterrizar mis expectativas cuando siento que el perfeccionismo intenta apoderarse de mí:

> TENGO MUCHO CUIDADO EN NO CONFUNDIR EXCELENCIA CON PERFECCIÓN. PUEDO LUCHAR POR LA EXCELENCIA; PERO LA PERFECCIÓN ES ASUNTO DE DIOS.
>
> **MICHAEL J. FOX**

Recomendaciones

1. Reconcíliate con el equilibrio. ¿Te ha pasado que un día sin ordenar se ha convertido en una semana, y esa semana en un mes? Cuando tengas un desliz, no dejes que eso frene tu intención de ser organizada. Vuelve a intentarlo, porque la organización es el viaje, no el destino. Aprender a andar este camino sin recriminaciones es parte del crecimiento.
2. Frena la autocrítica. La voz del perfeccionismo tiende a ser muy dura e inflexible. Quizá te susurre que los recipientes de tu alacena deberían ser más lindos o que tus visitas notarán el polvo acumulado de un día en ese rincón de la sala. Para el perfeccionismo, el orden en tu espacio nunca será suficiente, por lo que te propongo que, cada vez que escuches una crítica interior, hagas una respiración profunda y recuerdes que eres humana, que tienes el permiso de aprender, intentarlo y disfrutar del proceso. Nadie más que tú debe estar contenta con su espacio, pero cuida de no caer en exigirte lo imposible.
3. Reconoce tus logros. Date un momento para notar el progreso, por pequeño que sea, en lugar de enfocarte únicamente en lo que falta. Apreciar el avance te recuerda que lo importante es avanzar, no alcanzar la perfección, y te motiva a seguir adelante con un enfoque más amable contigo. ¡Y no dudes en festejarte!

No avanzamos, procrastinamos

Cuando dejamos todo para después, nos convertimos en nuestros propios obstáculos. Ignoramos los acuerdos que hacemos con los demás y con nosotras mismas, permitiendo que el desorden se acumule y se instale cómodamente en nuestra vida. Así, caemos en el ciclo de la procrastinación, en el que el tiempo parece diluirse sin que avancemos hacia nuestras metas.

Para lograr un espacio ordenado, necesitamos estructura y claridad, pero a veces, solo falta un empujoncito: un poco de motivación, una herramienta de organización, o incluso el apoyo de alguien que nos guíe para llegar a la visión de espacio que realmente queremos. Pedir apoyo no es fallar; es un paso inteligente en el camino hacia la organización.

Recomendaciones

1. Enfrenta tus pendientes con herramientas específicas. Organiza tu tiempo con calendarios, listas de pendientes y rutinas que te ayuden a llevar el control de tus compromisos. Ignorar tus pendientes solo aumentará el desorden mental y físico. Usa estos recursos para mantener la constancia y el ánimo enfocado.
2. Ocupa tu tiempo sabiamente. El tiempo es valioso y siempre hay espacio para lo importante, solo es cuestión de priorizar. Si identificas qué deseas lograr y cómo se ve la vida que realmente anhelas, te resultará más fácil destinar tiempo a lo que te acercará a esa visión.
3. Aprende a delegar. Esto es lo que más trabajo me ha costado en mi empresa, pero cuando lo llevé a cabo mi vida cambió. Así que, no tengas miedo o vergüenza de pedir ayuda cuando te sientas abrumada. La organización también significa liberar espacio mental y aceptar apoyo en tareas que otros pueden asumir, para que tú te enfoques en tus prioridades sin cargar con todo el peso.

Nos detenemos ante pequeños grandes obstáculos

Queremos habitar espacios ordenados y organizados, pero a veces nos encontramos con pequeños obstáculos que nos detienen porque nos parecen enormes. Me refiero a esas pequeñas cosas a las que te acostumbras o dejas de darles importancia porque ya es «normal» que imposibiliten tu orden.

Tal vez la plancha está descompuesta y llevas varias semanas sin poder planchar la ropa que ahora se acumula en la sala. O quizá tienes un montón de papeles en tu escritorio que sabes que tienes que triturar, pero no has comprado la trituradora y eso ha impedido deshacerte de forma segura de esos documentos que te estorban tanto para trabajar.

He llegado a casas de clientes con cuadros recargados en la pared, sin colgar por falta de un martillo; con puertas que no se podían abrir porque no tenían manija; o con un foco fundido que impedía organizar la bodega. Todas esas situaciones las solucionamos ¡en menos de cinco minutos!, cuando nos lo propusimos. Solo es cuestión de tomar decisiones que conllevan poco esfuerzo para generar una gran diferencia.

Recomendaciones

1. Haz un plan de tareas. Identifica esos pequeños detalles que están obstaculizando tu camino hacia la organización y que te están quitando paz: cambiar la pila del reloj, apretar un tornillo, ponerle una calza a la mesa para que ya no baile, etc. Toma decisiones y acciónalas lo antes posible para devolver la armonía a tu hogar.
2. Establece fechas de realización para cada obstáculo. Tal vez necesitas comprar ciertos objetos para remplazar

los que ya no sirven. Haz una lista y llévala contigo para que, cuando salgas, no haya pretexto de no saber qué necesitabas.

3. Date una recompensa cuando por fin realices una tarea. Puede ser que las cosas del garaje lleven meses en el suelo porque no has colocado unas repisas. El día que las compres, las instales y coloques las cosas en ellas, regálate una ida al cine, una cena romántica o una hora de no hacer nada. Esto te motivará a seguir eliminando obstáculos «inofensivos» para organizarte mejor cada día.

Nos encantan las excusas

¿Te has encontrado justificando el desorden en tu casa con frases como «Es que en mi familia siempre fuimos desordenados» o «A esta edad ya no puedo cambiar»? Este tipo de creencias limitantes funcionan como excusas que nos atan a hábitos que queremos cambiar. A veces, basta con haberlo intentado en el pasado sin éxito para convencernos de que «siempre seremos así». El desorden no es una condición permanente: ser organizado es una habilidad que se aprende y se practica, sin importar la edad o las experiencias pasadas. Todo empieza por tomar la decisión de cambiar, dejando atrás las creencias que limitan el proceso.

Recomendaciones

1. Confía en el proceso y comprométete. Cambiar patrones lleva tiempo. No esperes una transformación instantánea ni te frustres si el cambio es gradual. Dedica un tiempo específico cada día o semana para organizar, y

observa los avances. El compromiso es clave: se trata de crear un hábito nuevo, así que sé constante y mantén la fe en que cada paso cuenta.

2. No te quedes atrapada en el pasado. Haz un esfuerzo consciente por dejar atrás las etiquetas que alguna vez te impusieron, como «desordenada» o «imposible de organizarse». Recuérdate que estás trabajando en una nueva versión de ti, y que esa versión tiene el control sobre sus espacios. Identifica una creencia limitante que tengas, por ejemplo: «Soy desordenada por naturaleza» y remplázala por una afirmación positiva, como: «Estoy aprendiendo a ser organizada y a mantener el orden».

3. Reconoce las excusas cuando aparezcan. En lugar de simplemente aceptarlas, observa esas excusas como lo que realmente son: barreras temporales. Anótalas cuando aparezcan y busca una solución sencilla para cada una. Este ejercicio te permitirá verlas como obstáculos superables y dejar de darles tanto peso en tus decisiones.

Nos enfrentamos a un fantasma invisible

La primera vez que escuché sobre salud mental fue en 2020, en medio de un bombardeo de noticias y conversaciones en redes sociales, cuando la gimnasta Simone Biles decidió priorizar su bienestar mental en los Juegos Olímpicos de Tokio, retirándose de varias competencias. Me resonó profundamente que una atleta de talla mundial, aun bajo la mirada de millones de personas, se atreviera a decir «basta» cuando su cuerpo y su mente lo pedían.

Para 2023, sin saberlo, pero así como Simone, estaba a punto de enfrentarme a un fantasma invisible. Todo comenzó en agosto, al viajar a Guadalajara, Jalisco, por motivos laborales. Al terminar mi compromiso y salir a la calle, sosteniendo el celular en la mano para decidir si tomaba un Uber o caminaba, una moto a toda velocidad, conducida por una persona vestida de negro con casco cerrado, me lo arrebató y se dio a la fuga.

Nunca había gritado tan fuerte ni corrido tan rápido para intentar alcanzar a quien me había dejado completamente vulnerable en una ciudad desconocida. No tenía idea de cómo volver al hotel; en mi celular se encontraba todo: los contactos de emergencia, los mapas, las apps para pedir un taxi y el acceso a mi dinero. Comencé a sentirme sola y desprotegida, hasta que recordé lo que había sucedido la noche anterior.

Para no hacerte el cuento largo, había cenado con alguien con quien solo había conversado por redes sociales. Llevábamos meses con la intención de conocernos y, al surgir el viaje, aprovechamos para vernos. Fue un momento agradable, él me pareció interesante, divertido y confiable. Habíamos quedado en comer al día siguiente.

Tras el robo, llegué al hotel como pude, encendí mi computadora y lo contacté por Instagram. Sin dudarlo se ofreció a ayudarme. Llamamos a mis dos bancos e hicimos las gestiones necesarias para cancelar las bancas en línea que tenía instaladas en mi celular. El primer cargo, de 9 000 pesos, lo reportamos a tiempo. Cuando me comuniqué con el segundo banco, la ejecutiva nos confirmó que habían frenado el intento de vaciar mi cuenta personal gracias a su sistema antifraude. ¡Qué alivio! Luego, me preguntó:

—Usted tiene otra cuenta con nosotros, ¿verdad?

—Sí, la de la empresa, ¿por qué?

—Me temo que esa sí lograron vaciarla, señorita. Está en ceros, ya no tiene fondos.

Me temblaban las manos, la sangre me hervía y al mismo tiempo sudaba frío. ¡Los ahorros de toda la vida de organizARTE, en cuestión de minutos, habían desaparecido! Esa tarde, él me ayudó a denunciar y a instalar mi línea en otro equipo. Después, me invitó a cenar y, tras uno de los eventos más espantosos de mi vida, la serenidad poco a poco regresaba a mí.

Al volver a la Ciudad de México, sentía algo desgarrado por dentro, y no solo por lo económico, a pesar de que tuve que financiar con mis recursos personales las operaciones de la empresa durante ocho meses. Me dolía todo el cuerpo, no quería levantarme de la cama y no tenía fuerzas ni ilusión por crear nada nuevo. Busqué a un psiquiatra, quien me diagnosticó trastorno de estrés postraumático por el robo, además de una depresión silenciosa que arrastraba de meses atrás. Te preguntarás por qué. Bueno, en mayo de ese año, llevé a cabo un evento patrocinado que me generó un estrés atroz que derivó en *burnout* para julio. El doctor me expresó que físicamente estaba sana, pero después de escribir en su recetario «BURNOUT» con letras muy grandes, me advirtió que, si no atendía mi cuerpo y mi mente, la siguiente parada sería el hospital.

Depresión silenciosa, *burnout*, trastorno de estrés postraumático y la cuenta de mi empresa en ceros. Y como si no fuera suficiente, mi nuevo romance terminó después de dos meses. Creo que, al sentirme rescatada por ese «príncipe azul» en un momento tan caótico, lo idealicé e imaginé un futuro que no coincidía con sus planes. De nuevo a enfrentar un corazón roto, así como el hecho de que mi anhelo de maternidad se alejaba cada vez más.

De octubre de 2023 a marzo de 2024 me dediqué por completo a mi salud mental: seguí mi tratamiento psiquiátrico, probé todo tipo de terapias alternativas, y tomé clases de yoga y entrenamientos Phit con mi amiga Denisse Pérez. Mujeres clave me ayudaron a no terminar en quiebra: mi contadora y amiga

Ana Sárez, con su paciencia infinita y su orden impecable en Excel; Sofía Macías, quien me orientó para arreglar mi «relajito financiero»; Gaby Sánchez, que me quitó el miedo a sacar mi dinero del banco e invertirlo; y Janet Arzate, con quien emprendí un necesario proceso de administración financiera, personal y empresarial. Nada de eso habría sido posible sin mi equipo: Lau Ross, Mary Tere, Elvira y algunas alumnas certificadas en organización profesional sacaron adelante la operación de la empresa.

Tras meses de lucha con el banco, recuperé el 76% de lo robado. Luego de pagar a los abogados, me quedó la mitad, pero gané algo invaluable: salud, una red de apoyo maravillosa y claridad sobre lo realmente importante. El 2023 me enseñó que, si antes buscaba una vida desapegada y organizada, ahora también quería crear una que priorizara mi salud mental y bienestar a largo plazo.

Trastornos o enfermedades como el *burnout*, la ansiedad o la depresión pueden sacudir y desordenar nuestra vida desde dentro, ¡muchas veces sin percatarnos de ello!, como fantasmas invisibles: dejamos de funcionar al 100%, perdemos energía y entusiasmo y aquello que antes hacíamos sin esfuerzo ahora puede significar un esfuerzo monumental.

Si este es tu caso, quiero recordarte algo importante: no estás sola y no tienes la culpa de experimentar algo así. La vida, a veces compleja y dolorosa, es sabia; confío en que, si te permites abrir tu corazón y ser vulnerable, encontrarás luz en el camino.

Recomendaciones

1. Pide ayuda profesional. Los expertos están para ayudarnos, así que no tengas vergüenza o miedo. Un profesional de la salud mental te brinda herramientas

para entender tus emociones y gestionarlas de manera efectiva. Y si los problemas económicos son parte de tu estrés o angustia, no dudes en buscar a un contador o asesor para organizar tus finanzas y diseñar un plan según tus objetivos; el orden financiero también da paz y es clave para una vida bonita.

2. Acude a tu red de apoyo. Compartir cómo te sientes con alguien de confianza, así como recibir apoyo de tu familia, amigos o pareja, aliviará la carga que llevas a cuestas. No tienes que transitar este camino sola, las personas que te quieren estarán felices de acompañarte.
3. Prioriza lo importante. En tiempos de crisis, nuestra energía y nuestro enfoque son limitados. No te presiones por liberarte del caos de la noche a la mañana. Aprende a decir que no y a poner límites donde los necesites, y no olvides que es válido tener tiempo para ti: una rutina con hábitos y prácticas de autocuidado hará la diferencia.

¡Listo! Terminamos de repasar las diez razones que, además del apego, podrían explicar tu desorganización. ¿Con cuál te identificaste más? ¿Tienes un poquito de todas? ¿Te cayeron muchos *veintes*?

Me gustaría que consideraras que **el desorden sí está afectando tu bienestar físico y mental, tus relaciones y tu trabajo,** y que las consecuencias de no ser organizada pueden ser más graves que la flojera o la desidia de mantener el orden. Por ejemplo, los montones de papeles pueden resultar en cuentas sin pagar; la ropa tirada por toda la casa puede provocar que las visitas sean cada vez menos frecuentes; o tal vez, pasar tanto tiempo recogiendo la casa signifique estar todo el día cansada y de malas, sin ganas de procurar momentos de calidad con tu familia o amigos.

Sé que podría resultarte exagerado, pero te comparto estas consecuencias desde la empatía y desde mi experiencia con personas reales. Es muy satisfactorio observar las transformaciones mentales, emocionales y vinculares que suceden cuando ordenamos el desorden físico en las casas y oficinas. ¡Inténtalo! Verás que una vez identificando el origen de tu desorden y llevando a cabo las recomendaciones que te propongo, tendrás una transformación de 180 grados en tu espacio y, sobre todo, dentro de ti.

Perfiles desordenados

Cuando estaba desarrollando mi conferencia, quería hablar sobre algo con lo que las personas se identificaran de manera divertida, y que a la vez las invitara a reflexionar sobre sus hábitos de consumo y conservación. El orden no tiene por qué ser un tema rígido y serio, así que me dediqué a detallar los perfiles desordenados que he reconocido en los últimos 13 años dedicada a la organización profesional. Estos fueron los resultados; léelos todos y descubre con cuál (o cuáles) te identificas más.

Desordenados de clóset

Este perfil corresponde a las personas que aparentemente tienen su casa muy «ordenada», pero que en realidad no es así.

Cuando tu amiga te invita a tomar un café, te preguntas cómo le hará para tener su casa tan presentable, pero también notas que cada que llegas está muy agitada. ¿Alguna idea del porqué? Cada vez que va a tener visitas esconde a toda velocidad el desorden que tiene por todos lados dentro de los clósets, en los cajones, debajo de la cama, empujándolo con toda su fuerza para lograr que entre. En cuanto llegas, apenas está recuperando el aliento, preocupada de que no confundas la puerta del baño con la puerta del cuarto que está utilizando como «bodega», porque si lo hicieras probablemente acabarías sepultada bajo todo el desorden acumulado de días que «desapareció» de un momento a otro.

Soñadores ilusos del mundo: ¡reúnanse!

Muchas personas creen que, por ser organizadora profesional, mi casa y mi vida son perfectas: que soy la más productiva, que mi agenda es la más organizada y que no cometo errores, pero no es así. Mi perfil desordenado es el de la soñadora ilusa.

Desde que mi papá me dio a leer *Kane and Abel*, de Jeffrey Archer, a los 13 años, desarrollé un gusto particular por la lectura. Conforme fui creciendo y comencé a viajar, y más adelante cuando creé organizARTE, me concentré totalmente en el desarrollo de mi negocio, por lo que mi hábito de lectura pasó a segundo término. Pero como los libros guardan algo mágico dentro de ellos, y la idea de todas las posibilidades por descubrir en sus páginas me parece irresistible, me permití comprar cada vez más libros, con la fantasía de que «algún día» iba a tener el tiempo de disfrutarlos.

Me confieso totalmente culpable de comprar un libro solo porque me parece interesante y luego dejarlo por meses en mi librero. Ese es mi pecado: creer ilusamente que con mi ritmo de trabajo algún día leeré todos los títulos que he adquirido.

Hace tiempo, descubrí que existe la palabra en japonés *tsundoku*, que describe exactamente lo que me sucede: comprar libros con la intención de leerlos en el futuro, pero que terminan acumulándose sin abrir. El saber que hay algo allá afuera que describe lo que siento y hago con los libros me dio tal liberación que logré soltar la culpa que sentía, y ahora cuando tengo oportunidad de leer simplemente disfruto el momento.

Quizá ya lo sepas, pero la vida también se trata de encontrar soluciones. La manera en la que combatí la frustración que me provocaba no poder leer todos los libros que compraba fueron... ¡los audiolibros! Escucharlos se ha vuelto un gozo, y así me he echado decenas de historias: en el tráfico, en el súper, en la carretera, mientras lavo los platos o antes de dormir. ¡Los amo! ¿Has pensado en la posibilidad de aprovechar el tiempo nutriendo tu mente con audiolibros?

Acumuladores funcionales

Este, sin duda, es mi papá. Desde que empecé a dedicarme a la organización profesional, le he insistido en que me deje organizar su oficina, pero él se niega a que yo «meta mano» en su espacio. A pesar de que tiene papeles, fotos, insumos y demás, encima y debajo del escritorio, asegura que sabe perfectamente dónde se encuentra todo y que, si yo le ordenara sus cosas, después no encontraría nada.

Me frustra muchísimo saber que tengo un don que podría aportarle grandes beneficios a su vida; sin embargo, lo que me sorprende es que, a pesar de la desorganización en su espacio, tiene todos sus papeles en orden y cualquier cosa que le pidas o necesite la puede encontrar más rápido de lo que esperaría. Así que, al final, aunque cada cumpleaños intente organizar su oficina como mi regalo, sé que, dentro de su desorden, tiene su orden; la que tiene que aceptar soltar su «acumulación funcional» soy yo.

Mi segundo nombre es «recuerditos»

Todos conocemos a una persona cuyo segundo nombre es «Recuerditos», sobre todo en la cultura latina, donde les damos especial valor a las cosas por lo que representan para nosotros. Este perfil tiene su casa llena de vitrinas, a veces de cristal o de madera, para exhibir todo tipo de «tesoros» que han ido coleccionando en su vida.

Desde el bolo de los bautizos hasta los recuerditos de las primeras comuniones, pasando por lo que dan al final en las bodas y, por supuesto, las figuritas de migajón que le han hecho los nietos, de las cuales jamás se podría deshacer. ¡Y esas son solo las cosas que tiene identificadas! Porque es tanta la saturación, que ya ni siquiera las aprecia por lo que son o lo que representan. Y aunque las ha bautizado como «sus tesoros», lo que realmente sucede es que le están robando energía y espacio vital.

En 2015, me contrató una señora de unos 70 años, quien tenía planes de retirarse junto con su esposo a las afueras de la Ciudad de México. ¿El reto? Su nuevo hogar era significativamente más pequeño que el que iba a dejar.

En el proceso de depuración, ella se rehusó de forma tajante a que tocara la vitrina de sus tesoros. Cuando vi por primera vez esa vitrina, tuve claro que no iba a poder dormir tranquila si se quedaba como estaba. Aun así, respeté su decisión y le propuse que organizáramos el resto de zonas; al final, al ver los resultados, hablaríamos sobre la vitrina.

Tanto ella como su esposo terminaron muy contentos, pero ¡yo no podía dejar de pensar en la famosa vitrina! Así que le planteé la idea de implementar el mismo proceso, como habíamos hecho con el resto de las cosas, y le expresé que, si al final quería quedarse con todo, no habría problema: solo necesitaba una oportunidad para demostrarle que lo que ella llamaba «tesoros» realmente ya no lo eran (o, por lo menos, no en un 100%).

Pusimos en marcha cada paso de La Metodología del O.R.D.E.N.®. Al preguntarle por cada uno de los elementos, se dio cuenta de que no recordaba el origen de la mayoría. ¡Solo el 20% de los objetos representaba algo importante en su vida! ¡Esos realmente eran sus tesoros! Quedó feliz y convencida de que, cuando organizas una casa, es necesario hacerlo en todos los espacios, incluso en aquellos a los que más resistencia ponemos. La sorpresa del resultado, al abrirse al proceso, fue sumamente valiosa, pues le permitió apreciar sus verdaderos tesoros cada día.

Los «por si acaso»

Este perfil podría pasar como el de una persona prevenida y preparada para cualquier situación o emergencia. Su casa podría ser utilizada como albergue en caso de un desastre natural, porque tiene todo lo necesario para la supervivencia humana. El 70% de las cosas que tiene no las usa, y a veces tampoco las necesita, pero las adquiere motivada por las ideas de «por si acaso» y «por si algún día se necesitan».

Piensa en esas personas que van al supermercado con una lista, pero siempre recorren cada uno de los pasillos «por si acaso» se les olvidó apuntar algo en ella. Entonces, cada que pasan por una oferta de 3 × 2 o «lleve uno y pague el segundo a mitad de precio», no pueden resistirse: ¡les podría servir en el futuro!

El problema está al llegar a casa. Son tantas las cosas que han dejado entrar, que no saben ni dónde meterlas, por lo que muchas veces terminan quedándose dentro de las mismas bolsas del súper o guardadas hasta el fondo de la alacena. ¿Qué sucede cuando en realidad las necesitan? No recuerdan dónde quedaron, así que tal vez vuelvan a comprarlas, alejándose completamente del propósito inicial.

Según un estudio de la Asociación Mexicana de Renta de Autos y Bodegas, aproximadamente el 80% de las personas en México guarda objetos que no utiliza, lo que coincide con la cultura de acumulación en muchos hogares. ¿Formas parte de este porcentaje?

Crear o no crear. Atte. Cositas

¡Debo confesar que también tengo algo de este perfil! Cuando era pequeña se transmitía por televisión abierta un programa protagonizado por una señora con unas trenzas muy largas y con un gorrito muy particular, como si fuera una muñequita. Se llamaba Cositas y enseñaba a los niños a hacer manualidades y todo tipo de proyectos creativos.

Ahora, cuando voy a casas de clientes con un gusto acentuado por las manualidades, no puedo dejar de pensar en ese personaje. La diferencia es que ella sí llevaba a cabo las manualidades, mientras que la característica principal de este perfil es que le emociona comprar el material para hacerlas, pero pocas veces se da el tiempo para ello.

Desde pequeña he sido muy creativa. Me encantaba decorar y redecorar mi cuarto las veces que fuera necesario para sentir que estaba transformando mi espacio. En la adolescencia desarrollé una pasión enorme por el *scrapbooking*, y fue ahí donde comenzó a salir mi gen emprendedor.

Tiempo después, empecé un blog llamado *Confesiones de una Scrapaholic*, donde compartía tutoriales sobre cómo hacer proyectos creativos para fotos. Comencé a recibir pedidos de personas que querían algún detalle de aniversario para su pareja, o de mamás primerizas que soñaban con un álbum para su bebé recién nacido, pero no sabían cómo hacerlo o no tenían tiempo para realizarlo.

Creaba todo tipo de proyectos y en mis tiempos libres me enfocaba en uno personal. Se trataba de un álbum de *scrapbook* con fotos para cada etapa de mi vida: desde que mis papás se conocieron, cuando se hicieron novios, cuando se casaron y cuando nos tuvieron a mí y a mis hermanos; pasando por los primeros veinte años de mi vida, y, a partir de 2003 y hasta 2009, un álbum por año, con fotos, recortes y todo tipo de memorabilia.

Los guardo con mucho cariño, y los honro teniéndolos en unas carpetas diseñadas a la medida. Pero debo aceptar que desde 2009 no he continuado con mis álbumes de los siguientes años, aunque, eso sí, conservo el material, esperando que «algún día» pueda continuar con los años que me faltan. ¿Te pasa lo mismo?

Chavorrucos

Antes de describir este perfil, necesito explicar las palabras que lo componen. En México, la palabra *chavo* se refiere a un adolescente que, si bien ya no es un niño, todavía no puede considerarse adulto. Y *ruco* es la palabra coloquial para referirse a una persona mayor. El juego de palabras da pie a un *slang* muy utilizado en la sociedad mexicana para describir a los hombres adultos que tienen el síndrome de Peter Pan (no quieren crecer) y siguen comportándose como adolescentes.

En este perfil, tenemos identificados a aquellos que están entrando en la famosa «crisis de los 40». Aunque también me he encontrado con mujeres en esta situación, prevalece por mucho en el género masculino. Se trata de esos hombres a quienes ataca la nostalgia, por lo que añoran los tiempos cuando solo vivían para sus *hobbies*. Por ejemplo, no pueden dejar atrás la época donde pasaban horas jugando videojuegos, y es tanto el amor que le tienen a esos entrañables aparatos que cada año compran la versión más actualizada, acumulando así innumerables modelos, sin poder deshacerse de los anteriores.

Tengo casos de clientes que tienen todas las consolas, desde el Atari hasta el PlayStation 5, pasando por el Nintendo, Súper Nintendo y Nintendo 64, pero ¡sin espacio para las cosas que realmente necesitan! No son conscientes de que sus colecciones de casetes, DVD, LP, CD, Blu-ray están ocupando un espacio valioso para su vida actual y la de las personas con las que comparten su hogar.

Además, esos aparatos muchas veces se vuelven obsoletos debido al avance de la tecnología y los nuevos estilos de vida. A excepción de los verdaderos melómanos amantes de los viniles, la mayoría de las personas escucha música a través de Spotify en su celular. Y ¿quién puede recordar la última vez que vio una serie o puso una película en DVD, cuando tenemos todo a un clic de distancia en Netflix, HBO, Disney+ o Amazon Prime?

No hay nada de malo en conservar colecciones, si realmente se honran, se les da un lugar especial y cumplen un propósito. Pero cuando afectan la calidad de vida de las personas, debemos reflexionar si nos están restando más de lo que nos están sumando. ¿Qué piensas?

Los «proyectitos»

Este perfil no solo me parece muy creativo, sino que también lo admiro mucho porque se refiere a personas con ideas maravillosas, dignas de un inventor que podría ser postulado para el premio a la innovación de proyectos ocurrentes. Y, a diferencia del estilo chavorruco, he identificado a más mujeres que hombres en esta categoría.

Una vez estaba organizando el cuarto de una clienta, al cual se refería como «el cuarto de los triques», porque almacenaba de todo. Un costal como de metro y medio lleno de tubos de cartón de rollos de papel de baño me llamó la atención. Curiosa como siempre he sido, le pregunté para qué los almacenaba. Nunca esperé la respuesta que me dio.

—Es que algún día que tenga tiempo quiero hacerle a mi hijo una nave de *Star Wars* con todos los rollos de papel de baño —explicó ilusionada—. Los voy a pegar con silicón, después los voy a pintar con aerosol y, al final, voy a agregar algunos efectos para que parezca superreal.

—Y ¿cuánto tiempo llevas guardándolos? —pregunté, aún más curiosa.

—¡Uy, años! De hecho, necesito apurarme porque mi hijo ya casi tiene 9 y, si me tardo más, ya ni va a querer jugar con ella. ¿A poco no se va a ver increíble cuando lo haga?

En esta categoría también entran esos populares proyectos para las fotos impresas de la familia. Nunca voy a olvidar a una clienta, quien, mientras organizábamos su casa, me mostró una caja llena de fotos y memorabilia del día de su boda:

—¿Y esa caja? Cuéntame, ¿para qué son esas cosas que tienes guardadas ahí dentro?

—Ah, es que esto tiene mucho valor para mí. Son todas las fotos y los recuerdos del día de mi boda. Quiero hacer un álbum con todo, pero ya sabes: la vida, los hijos, los pendientes... Estoy segura de que algún día de estos me voy a poner a hacerlo.

—¡Qué linda idea! ¿Cuántos años tienes de casada?

—Este año vamos a cumplir treinta —respondió.

La Mónica Geller y el Sheldon Cooper

Hasta ahora he descrito diferentes perfiles con tendencia al desorden, aunque también podemos identificar perfiles que se van al otro extremo. Para explicar este perfil, recurriré a dos personajes icónicos de la cultura pop: Mónica Geller (con quien, por cierto, me comparan erróneamente muchos de mis clientes), de *Friends*, y Sheldon Cooper, de *The Big Bang Theory*. ¿Los conoces? Ambos destacan por ser personas obsesivas y un tanto maniáticas con respecto a la organización en su casa, por eso me parece importante cerrar con este último perfil.

Tengo clientes que caen en esta categoría porque aman tener todo milimétricamente perfecto para que su casa u oficina se vea como «de revista». Está bien querer tener un espacio lindo, funcional y organizado, mantener las cosas en su lugar y disfrutar de tu hogar cada vez que entras a él. Pero los extremos nunca son sostenibles y nos pueden llevar a la parálisis del perfeccionismo de la que ya hablamos. Así que, si alguien te ha mencionado que le recuerdas a Mónica o a Sheldon, cuida de no estar invirtiendo más tiempo y energía de la necesaria en organizarte.

Independientemente de cuál sea tu perfil y con qué características de cada uno te hayas identificado, el objetivo de este ejercicio es reflexionar y darles la vuelta a los patrones que nos han regido siempre para así evolucionar. No queremos decir: «Sí soy, sí soy», y no cambiar.

Nuestro hogar es el lugar más especial que tenemos. Nos da cobijo, nos brinda seguridad y nos permite compartir con las personas que más amamos. Tener un espacio limpio y ordenado es una forma de honrarlo, por lo que te sugiero que así lo tengas. Pero también, te invito a que sueltes, a que evites estar molesta todo el día porque tu casa no parece museo, porque has acumulado muchos objetos, o porque crees que tienes poco tiempo y es tarde para cambiar.

Debemos tener la capacidad de fluir en un entorno que está constantemente cambiando y, por supuesto, de aprender y poner en práctica las herramientas que estás adquiriendo. Antes de pasar a la segunda parte de este libro, te invito a que hagas una respiración profunda, agradezcas lo que tienes frente a ti y comiences a disfrutar de esos pequeños detalles que convierten a tu casa en un verdadero hogar.

PARTE II

La visión

YA SABES *POR QUÉ* TE CUESTA SER ORGANIZADA, ahora vamos a indagar en el *para qué* del proceso que estás a punto de emprender. La respuesta a la pregunta: «¿Para qué quiero organizarme?» te dará la claridad que necesitas para sostener tu esfuerzo y no rendirte a medio camino.

En esta segunda parte, quiero mostrarte los enormes beneficios de crear una vida más sencilla, con menos cosas que no aporten a tu felicidad y más experiencias que conviertan tus días en una obra de arte. También te enseñaré cómo desear sanamente (sí, así como lo lees) para que aprecies y disfrutes de todo eso a lo que le des la bienvenida en tus espacios y en tu vida.

Por último, voy a guiarte para que diseñes la visión que te motivará a sacar adelante la tarea, implique lo que implique, y te recordará que todo el trabajo, tiempo y dinero que inviertas tendrá sentido cuando experimentes la transformación que tanto deseas.

Las ventajas de una vida sencilla

Quizá trabajas de lunes a viernes y, cuando llega el fin de semana, en lugar de pasear, leer o hacer ejercicio, te la pasas limpiando, acomodando y dejando todo listo para comenzar de nuevo la rutina. Y si después de eso tienes tiempo libre, es tanto tu agotamiento que solo piensas en descansar y, otra vez, la salida, el ejercicio y el libro pasan a segundo término; tal vez tengas más tiempo el siguiente fin de semana...

La realidad es que vivimos en un mundo lleno de estímulos y distracciones: redes sociales, compromisos, pendientes laborales, hijos, labores domésticas, tráfico, estrés, familia. Por ocuparnos de todo lo demás en nuestro día a día, hemos dejado de lado lo realmente importante y lo que más disfrutamos hacer.

¿Qué te hace feliz? ¿Qué te gustaría hacer si tuvieras más tiempo? ¿Hace cuánto no haces eso que amas, como cocinar, escribir o nadar? Puede sonar raro, pero saber eso es clave para organizarte. Entre menos cosas acumules, menos limpias, menos arreglas, menos desempolvas, menos mantienes. Al liberar tu entorno de lo que no te suma, haces espacio para esas cosas y actividades que te llenan profundamente.

Organizar se trata no solo de crear un espacio funcional y bonito, también de tener tiempo para reconectar con lo que te apasiona y tiene sentido para ti. ¿Vas dimensionando los beneficios de tener una vida sencilla? ¡Vivir con menos para disfrutar más!

Al ir implementando el paso a paso que aprenderás en la siguiente parte de este libro, pasarás por valiosos momentos de reflexión y acción. Notarás la cantidad de proyectos que llevas postergando por años y te preguntarás si realmente son para ti o no, porque, en caso de que lo fueran, ¿por qué llevarían tantos años abandonados dentro de una caja?

Te darás cuenta de todas las cosas que has acumulado por quedar bien con las personas que te las regalaron, cuando a ti no te gustaron desde el principio, pero no querías decepcionar a otros y preferiste conservarlas.

Descubrirás la cantidad de objetos que nunca regresaste o que nunca reclamaron, pero que son parte del desorden de tu casa; y tendrás oportunidad de devolverlos a quien correspondan, liberándote de todo lo que no pertenece a tu espacio.

Te sorprenderás de la cantidad de basura que guardas, y la vas a querer tirar en ese momento, pero no te voy a dejar: te voy a pedir que no te saltes el poderoso paso de visualizar todo lo que guardas (sabiendo que es basura) y preguntarte por qué dejaste que se acumulara tanta, sin desecharla en su momento.

Harás conciencia de la cantidad de cosas que has comprado alguna vez, te han regalado o has creado tú misma en casa, y cuando aceptes que no tienes dónde ponerlas, sabrás que:

> *No necesitas más espacio, necesitas menos cosas.*

Esta simple idea cambia la forma en que valoras lo que tienes. Muchas veces, el cuarto de juegos está tan lleno que no hay espacio para jugar; o los cajones tienen tantas cosas que es difícil abrirlos, y encontrar algo en ellos parece una misión imposible; o el clóset está tan repleto que cada mañana es más fácil quejarte por pensar que no tienes nada que ponerte. Lo paradójico es que, aunque ya tengas muchas cosas, ¡la sensación de caos te da la impresión de que te faltan más!

¿Sabías que un hogar mexicano promedio almacena alrededor de 2000 objetos? Según un estudio de Kantar

México, solo un 30% de esas cosas se usa regularmente. ¡Con razón sentimos que ya no tenemos espacio! Y eso sin contar lo que guardamos fuera de casa. Actualmente hay alrededor de seiscientas instalaciones de autoalmacenamiento en nuestro país, especialmente en áreas urbanas como Ciudad de México, Monterrey y Guadalajara. Esto muestra cómo la necesidad de espacio extra está en aumento.

En Estados Unidos, el panorama es mucho más alarmante. Se dice que en una casa promedio hay unos 300 000 objetos. ¡¿Es broma?! Además de que en este país existen más bodegas de almacenamiento que Starbucks: ¡50 000, aproximadamente!

Otro dato sorprendente, publicado por el periódico británico *The Telegraph*, muestra que un niño promedio de 10 años tiene 238 juguetes, de los cuales únicamente ocupa 12.

¡Ojalá pudiéramos darnos cuenta de que podemos vivir con mucho menos! Espera... ¡Ya nos dimos cuenta! Vivimos una pandemia mundial dentro de nuestra casa existiendo con lo más indispensable. No sé tú, pero yo le saqué todo el provecho a mis pantalones de casa y pijamas. Y no compré nada ese año, porque me di cuenta de que no necesitaba nada más. En esos sensibles momentos lo único que nos importaba era mantenernos vivos y sanos, y encontramos formas creativas de entretenernos dentro de cuatro paredes: nos dimos el tiempo de aprender cosas nuevas en línea, de hacer ejercicio, de preparar nuevas recetas y de conectar (vía Zoom) con nuestras personas queridas.

Y no me malentiendas, se vale tener cosas, pero ¿qué tal si esas cosas fueran solo las que amas, usas, necesitas y te hacen feliz? Haría la diferencia, ¿no lo crees? Cuando tomes responsabilidad sobre tus pertenencias, sentirás una liberación enorme y, finalmente, disfrutarás de lo que te rodea.

¿Lo amo, lo uso, lo necesito y me hace feliz?

Ya sabemos que el apego nos lleva a acumular y a vivir rodeados de cosas que tal vez ya no nos sirven. Para soltar y decidir qué realmente merece quedarse, es importante entender la relación que tenemos con cada objeto y su verdadero propósito en nuestra vida. Gran parte del desorden se origina cuando no tenemos identificada cada cosa por lo que realmente es, o cuando tenemos un concepto erróneo sobre algunas de ellas.

Todas nuestras pertenencias pueden clasificarse en cuatro categorías: **las que usamos y necesitamos, las que nos hacen felices, las que amamos y las que no encajan en ninguna de las anteriores.** Podemos decir que las cosas que no encajan en ninguna categoría son «cosas que no aportan a nuestra vida», peeero no necesariamente son basura. En la siguiente parte de este libro, verás que tanto las cosas que sí aportan a tu vida como las que no lo hacen tienen un destino específico al cual pueden canalizarse.

Por el momento, recuerda que de nada sirve conservar algo que no cumple un propósito para ti. Tener una colección de libros no te hace más culto, si no los lees. Comprar una caminadora no te dará mejor condición si no la usas. Adquirir todos los materiales de manualidades no hará que tus fotos aparezcan por arte de magia en álbumes decorados si no pones manos a la obra.

Para honrar realmente nuestras cosas, hay que vivir la experiencia que conllevan, no solo poseer las cosas por la experiencia que representan.

> *Tener cosas no es lo que da valor a tu vida; es usarlas para su propósito lo que les otorga valor y justifica su existencia.*

A continuación, te comparto una explicación para cada una de estas cuatro categorías.

Las cosas que usas y necesitas

Se trata de los objetos que por su practicidad te facilitan la vida y cumplen una función clara para ti. Están las cosas que usas todos los días, como el cepillo de dientes, la ropa interior, los lentes, la cama; y las que usas en ciertas temporadas o con menos frecuencia, como medicinas, trajes de baño, abrigos de invierno, maletas o decoraciones navideñas. Al final, mucho o poco, todas las cosas de esta categoría se usan.

Las cosas que te hacen feliz

¿Has notado cómo algunos objetos, aunque no sean estrictamente necesarios, les dan vida y personalidad a tus espacios? Piensa en la decoración de tu casa, ¿estás de acuerdo con que son cosas que no usas o necesitas, pero las tienes a tu alrededor porque te traen alegría cada vez que las ves? Esta categoría incluye los espejos, las cortinas, el papel tapiz, las fotos enmarcadas o en portarretratos, los floreros, las velas, los imanes del refrigerador, las esculturas, los libros de arte, las medallas, los cuadros, los cojines, las alfombras o los tapetes, las plantas, las lámparas, etc. Cuando pensamos en estos objetos, el truco es que menos es más: cada cosa debe tener su espacio y su razón de estar ahí.

Las cosas que amas

Este grupo está formado por esos objetos que consideramos tesoros por su valor sentimental: son invaluables, irremplazables, y te conectan con personas, momentos o etapas importantes. ¿Se te ocurren algunos ejemplos? Pueden ser cartas, fotos sueltas, boletos de conciertos, algún objeto de un ser querido que ya no está, recuerdos de viajes, dibujos de tus hijos y otras cosas que no quieres perder. Estos objetos merecen un lugar especial donde puedan ser conservados y apreciados sin que generen desorden; en el siguiente capítulo descubrirás de qué se trata.

Las cosas que no aportan a tu vida

Este es el grupo que más contribuye al desorden. Son cosas que guardamos sin haber reflexionado sobre su verdadero valor o propósito. ¿Te acuerdas del caso que te compartí cuando describí el perfil de las personas que acumulan «recuerditos»? Mi clienta, por falta de introspección y de un sistema, no estaba consciente de que sus tesoros estaban enterrados entre decenas de cosas, y que además la tenían esclavizada desempolvando cada semana. A veces, sin darnos cuenta, acumulamos cosas que no amamos, usamos, necesitamos y tampoco nos hacen felices, pero ahí siguen, quitándonos tiempo, energía y espacio. ¿Crees que conservas objetos que podrían entrar en esta categoría?

Experiencias, no cosas

Las personas que me conocen o que me siguen en redes siempre me preguntan cómo me da tiempo para hacer todo lo que hago. Ya conoces la respuesta: en mi casa hay pocas cosas, y todo está organizado para funcionar por sí solo. Esto me permite enfocarme en lo que más me apasiona y seguir el lema que tanto me inspira, y que también me gustaría que te acompañara a ti: «Experiencias, no cosas». Pero no quiero que pienses que fue magia ni que sucedió de un día para otro. Me tomé el tiempo de crear un espacio funcional, y todo lo que ves hoy —la vida bonita y sencilla que disfruto— es el resultado de esa inversión.

Cada vez encuentro a más personas interesadas en este estilo de vida. Te voy a contar el caso de una de mis mejores amigas: Mari Carmen Obregón, también conocida como Charms. Además de ser conferencista, es encantadora, talentosa y muy querida. Después de cada conferencia, regresa a su casa con regalitos que los asistentes le entregan con todo el cariño del mundo. ¿Cómo no recibirlos? ¿Y cómo deshacerse de ellos después?

Cuando me conoció, me dijo que llevaba años buscando una vida más sencilla, pero no encontraba el «cómo». Le conté sobre organizARTE, mi metodología y filosofía de vida, y cómo el orden y la organización nos llevan a quedarnos con lo que realmente amamos, usamos, necesitamos y nos hace felices. ¡En ese mismo momento nos contrató para organizar su casa! El proceso fue enriquecedor para todas las involucradas.

Aunque Charms viene de una familia donde las cosas representan cierta seguridad, estaba lista para soltar. Sabía lo que quería conservar y lo que no, pero le faltaban la guía y las herramientas para lograr la organización que visualizaba. Como mujer independiente y feliz, quería un espacio que reflejara esa libertad, así como deshacerse de la acumulación que le hacía sentirse saturada.

Después de dos días de organización, Charms decidió quedarse con el 50% de sus pertenencias, y ese espacio que tanto quería por fin cobró forma, con las cosas que realmente le aportaban a su vida actual. La liberación que sintió fue enorme, y para cerrar con broche de oro, ¡encontró seiscientos dólares durante la transformación de su espacio! Y, justo esa semana, ¡la contrataron para dar seis conferencias!

Ella no daba crédito de cuánto había cambiado su vida ni de que la mitad de sus cosas no le aportaba nada. Descubrió que podía vivir con menos y tener espacio para lo que realmente disfruta, como leer, grabar videos, ver series, salir a caminar, escuchar audiolibros y recibir visitas.

Tiempo después, me confesó que no extrañaba nada de las cosas que se habían ido, ¡ni siquiera recordaba cuáles eran! Además, motivada con su nuevo estilo de vida, me pidió ayuda para hacer muebles nuevos, pintar las paredes y decorar el espacio. La transformación fue total, y su casa se convirtió en su santuario. Con el espacio funcionando como ella quería, se limpiaba más fácil, estaba en orden todo el tiempo y Charms se volvió una experta en elegir solo lo que realmente quería conservar. Hoy es muy feliz con su hogar y valora lo que deja entrar, incluso cuando acepta un regalo, sabiendo que puede agradecerlo y luego dejarlo ir si no lo necesita.

Charms dio este paso porque encontró su «para qué». Ese cambio de visión que implica elegir más experiencias y menos cosas la mantuvo entusiasmada ante cualquier incomodidad que representara el proceso. Y buscó la ayuda que necesitaba, es decir, tomó la decisión y la acción de organizarse.

Tú estás en el mismo camino que experimentó Charms, así que quiero que sepas que estoy aquí para acompañarte en tu proceso. Pero antes de seguir, déjame contarte algo importante: creo profundamente en que **nuestra vida puede ser una obra de arte si elegimos experiencias por encima de cosas.**

Y no, no necesitas viajar al otro lado del mundo para experimentar algo maravilloso; tu vida puede volverse enriquecedora y bonita todos los días. ¿Sabías que en un día respiramos casi 26 000 veces? ¿O que el corazón late alrededor de 115 000 veces cada día? Estoy segura de que si comprendiéramos que nuestro cuerpo es una obra de arte que funciona de manera sorprendente, no lo daríamos por sentado como lo hacemos.

También valoraríamos otros privilegios, como tener agua caliente para bañarnos o una cama donde dormir, beber una taza de café cada mañana, ver un atardecer, escuchar cómo cantan los pajaritos, contar con un transporte para llegar al trabajo, comer comida calientita, conversar con nuestros amigos, abrazar a nuestra familia, tomar agua cuando tenemos sed, reír hasta que nos duela la panza, apreciar un arcoíris, ir al cine o a un museo, sacar a pasear a nuestro perro u oler un perfume. Estos son algunos ejemplos de actividades que hacemos en automático, sin considerarlas experiencias porque cuando las hacemos simplemente no estamos poniendo atención.

La buena noticia es que tu vida puede ser una obra de arte si disfrutas de cada uno de los placeres que te da. Así que cuando sientas que nada a tu alrededor te llena, que las cosas que tienes no son suficientes, que la gente a tu alrededor no te entiende, que tu casa no te gusta, que tu trabajo no es el de tus sueños... ponle pausa a todo y empieza transformando tu espacio. Al igual que Charms, enseguida notarás tus ganas de experimentar más, teniendo menos.

¿Cómo desear sanamente?

Cuando compras una cosa, no solo estás comprando la felicidad que ese objeto te da: el nuevo celular, el coche último modelo, la bolsa de moda, los *jeans* que todo el mundo tiene... También estás adquiriendo la responsabilidad de lo que ese nuevo objeto conlleva.

Pensemos en un celular. Al comprarlo, estás comprometiéndote a cuidarlo con una funda o una mica en la pantalla para que no se rompa si se te cae; a cargarlo cada vez que sea necesario; a limpiarlo y darle mantenimiento. Incluso tienes que respaldar tus datos y fotos con regularidad para no perderlos por accidente o en caso de robo (te lo digo por experiencia). Cada objeto que dejas entrar a tu espacio vital no solo tiene un costo económico inicial, sino un costo de atención y tiempo que debes destinar a cuidarlo, mantenerlo o almacenarlo.

Cuando afirmo que no necesitamos más cosas, no me refiero a que dejemos de desear, pero sí a que aprendamos a desear sanamente. Lo esencial es distinguir entre un deseo sano y un impulso momentáneo, para tener la claridad de qué es lo que realmente aporta valor a nuestra vida.

Si nuestros deseos se alinean con nuestro propósito, nuestras prioridades y nuestra paz, podemos sentir satisfacción sin que implique acumulación ni gastos innecesarios. Esto es desear sanamente: priorizar aquellas experiencias y cosas que realmente nutren nuestra vida y nos acercan a lo que valoramos.

Pastorear el deseo

La clave del deseo es no satisfacerlo de inmediato o por completo; es mantenerlo vivo y dejar siempre un poco más por desear. ¡Y no! No estoy citando una canción de Arjona, ja, ja (nada en contra de él ni de su música); esto es lo que significa pastorear el deseo.

¿Recuerdas la última cosa que deseaste intensamente? Tal vez fue el iPhone más reciente. La emoción era tan fuerte que contabas los días para tenerlo en tus manos. Cuando por fin llegó el momento, de seguro no podías ni dormir; estabas tan nerviosa cuando te lo entregaron, que no querías ni tocarlo, ¡porque al fin tenías tu deseo cumplido! Obvio, le pusiste todas las protecciones para que no se rayara, pasaste horas ajustando las notificaciones y creíste que nunca llenarías toda la memoria. Pero ¿qué pasó al mes de usarlo? Ya lo llevabas a todas partes sin cuidado, lo guardabas en tu bolsa como cualquier objeto, se volvió parte de tu rutina y dejaste de recordar que alguna vez fue el sueño que tanto deseabas.

Nos pasa igual con un coche, unos zapatos o cualquier objeto nuevo. La emoción está en alcanzarlo, y una vez que lo tienes, el deseo se traslada al próximo objeto. ¿Notas el círculo vicioso?

Esto me recuerda a un niño en Navidad que abre un montón de regalos. Con tantos alrededor, solo salta de emoción en emoción, pero sin una satisfacción real. Es la falta de satisfacción lo que genera el mínimo umbral de frustración que vemos en muchos niños de hoy: al recibir lo que quieren en cuanto lo piden, no desarrollan la paciencia ni el valor de cada cosa.

Para que se cumpla el ciclo del deseo, tiene que haber un espacio entre el querer algo y el conseguirlo. Por eso, Alfonso Ruiz Soto habla del «arco del deseo». Cuanto más tiempo pasa entre que deseas algo y lo obtienes, más crece ese deseo y tu satisfacción cuando por fin lo consigues.

Antes de comprar algo, pregúntate: ¿me aporta algo significativo? ¿Es algo que realmente necesito, o más bien responde a una moda o impulso? ¿Estoy dispuesta a invertir el tiempo y esfuerzo que requiere cuidar este objeto?

En conclusión, lo que realmente importa para experimentar satisfacción no es el objeto en sí, sino la intensidad del deseo que lo precedió. Lo esencial es asegurarnos de pastorear el placer, no el vicio. Sin ese tiempo de espera, dejamos de apreciar las cosas y debilitamos nuestra voluntad. Porque si siempre estás deseando algo nuevo, más caro o más avanzado, ¿en qué momento disfrutas lo que ya tienes?

El valor de apreciar

Ya hablamos de la huella de abandono, esa que surge con el primer desprendimiento al nacer, cuando dejamos el vientre materno, donde todo lo que necesitábamos estaba al instante, y perdemos la seguridad y satisfacción inmediatas. Comenzamos a sentir frío, hambre, ruidos; así que, para sobrevivir, desarrollamos un umbral de frustración: ahora, dependemos de otros, lo que introduce una nueva dimensión de espera e incertidumbre en nuestra vida. Esta experiencia temprana nos va enseñando, sin que lo sepamos, el valor de lo que nos rodea, pero con el tiempo olvidamos esa lección.

Me contaron sobre un niño que pasó dos semanas en un campamento de verano sin agua caliente, donde tenía que tender su cama y lavar su ropa. Cuando regresó a casa, comenzó a valorar esas comodidades de una forma que sus padres nunca imaginaron: agradecía cada mañana el agua caliente, la cama tendida y la ropa limpia acomodada en su clóset. Entendió lo que significan esas pequeñas cosas porque, al vivir sin ellas, aprendió a apreciarlas.

Cuando nuestras demandas se satisfacen al instante, creemos que lo merecemos sin más. A los niños les pasa lo mismo: si siempre reciben lo que piden en el momento, cualquier negativa a sus deseos se convierte en una frustración difícil de manejar.

> AMA A LAS PERSONAS, USA LAS COSAS. LO OPUESTO NUNCA FUNCIONA.
> **The Minimalists**

Apreciar lo que tenemos, ganarnos lo que queremos y ahorrar para obtenerlo es lo que conecta nuestro deseo con el valor real de las cosas en nuestra vida. Cuando te esfuerzas por conseguir algo, lo valoras mucho más; y cuando no puedes tenerlo, tienes la oportunidad para trabajar en el desapego o ponerte manos a la obra para alcanzarlo.

> LA ÚNICA MANERA DE DESEAR SANAMENTE ES A TRAVÉS DEL DESAPEGO.
> **Alfonso Ruiz Soto**

Recuerdo un proyecto con una adolescente que quería transformar su habitación de niña en un espacio más acorde a su edad. Lo tenía claro: quería dejar atrás su cuarto de infancia y habitar uno como «a ella le gustaba».

El proceso de elegir lo que quería quedarse y lo que no fue muy complicado, porque ella quería soltar todo lo que representaba su etapa de niñez, pero no así su mamá, quien no dejaba que su hija se deshiciera de nada por apegos que ella misma cargaba. Cada vez que la chica quería soltar algo, la mamá interrumpía con una amenaza o un chantaje.

—¿Qué? No, no, no, mijita, eso te lo regaló tu abuelita cuando cumpliste 3 años. ¿Cómo vas a deshacerte de él?

—Ma, pero es un Barney de peluche. ¿Para qué quiero quedarme un dinosaurio morado si ya no tengo 3 años?

—Pero ella te lo dio con tanto cariño, ¡qué falta de consideración de tu parte! ¿Y ese juego para hacer pulseras? De seguro no te acuerdas del berrinche que me hiciste para que te lo comprara —la reprendía.

—Sí me acuerdo, y lo jugué un montón de veces. Hice cientos de pulseras y las usé muchísimo, y hasta las regalaba a mis primas y todo. Pero ya no quiero seguir haciendo pulseras, ya no me gusta.

Y así toda la mañana. Vi que no estábamos avanzando con la presencia de la mamá en el cuarto, por lo que tuve que pedirle que por favor me dejara continuar el proceso sin ella o el objetivo no se iba a cumplir.

Hay una línea muy delgada entre no apreciar las cosas y aferrarnos a ellas por lo que representaron en el pasado. Tal como lo dice Joshua Becker, autor sobre minimalismo:

> EL MINIMALISMO NO SE TRATA DE ELIMINAR LAS COSAS QUE AMAS. SE TRATA DE ELIMINAR LAS COSAS QUE TE DISTRAEN DE LAS COSAS QUE AMAS.
>
> **Joshua Becker**

Se vale desear, pero el verdadero regalo es aprender a desear de una manera sana, ¿no crees?

Organizar es un viaje, no un destino

Un muy buen amigo mío es artista. Desde que descubrió su talento nato para pintar, decidió dedicarse a su arte, aunque fue hasta los 36 años cuando logró hacerlo como su forma de vida. Una tarde me tocó presenciar el momento en que terminó un cuadro y lo firmó. Me dio curiosidad saber cómo se sentía después de haber trabajado tanto en él.

—¿Es tu parte favorita? Cuando terminas el cuadro y le pones tu firma...

—Para nada. Mi parte favorita es el proceso de pintarlo —respondió.

Esas palabras nunca se me van a olvidar.

Es exactamente lo que siento al transformar un espacio. Las fotos del «antes» y el «después» muestran dos momentos: el caos inicial y el resultado final divino. Pero ninguna foto puede capturar lo que implicó llegar ahí. Las series de televisión nos hacen creer que el orden es magia, ¡pero organizar un espacio real puede tardar horas, días o incluso semanas! Todo depende de múltiples factores y del proceso de cada persona. ¿Crees que podrías organizar en un fin de semana una casa en la que has vivido treinta años?

> *Organizar es un proceso que implica dedicación, enfoque, energía y tiempo. ¡No es magia!*

Organizar toma tiempo y ese tiempo no se va a hacer solo. Así como haces el tiempo para salir a cenar, irte de vacaciones o escuchar tu pódcast favorito, si quieres recuperar el orden en tu espacio, si es importante para ti, debes agendar el tiempo para que suceda.

Por eso, lo que me gustaría transmitirte antes de que conozcas el paso a paso de La Metodología del O.R.D.E.N.® es la importancia de reconocer el proceso de organizar tu espacio como un viaje, no como un destino. El proceso es lo que te cambia, lo que te deja huella, lo que te enamora; es aquello que te brinda revelaciones sobre ti: lo que te gusta y lo que no, lo que disfrutas y lo que no soportas, lo que eres **capaz de soltar** y lo que eres **capaz de crear.**

Tal vez se trata de un espacio que no has querido explorar a fondo por el temor a lo que puedas encontrarte. Puede que sea un lugar nuevo, con muchas cosas emocionantes que ofrecerte y de las que puedes aprender. Quizá el espacio a organizar te trae malos recuerdos porque en él experimentaste pérdidas y ya no te sientes a gusto ahí (como lo fue con mi clienta después de su divorcio). O a lo mejor es como una selva, en la que sumergirte entre tantos estímulos y objetos resulte agotador.

Sea como sea tu espacio, antes de llegar a tu destino (el resultado de tu espacio organizado) es necesario realizar el viaje y autodescubrirte. Estoy segura de que cuando llegues al otro lado no serás la misma persona; verás la vida desde una nueva perspectiva después de haber aprendido tanto sobre ti, y entendido que la vida es mucho más sencilla de lo que crees y que tienes muchas más cosas de las que necesitas.

Mi misión con este libro es que comprendas que tu espacio y tus pertenencias no son tus enemigos. Si algo a tu alrededor te provoca desagrado, fatiga, estrés, angustia, tristeza, desánimo, enojo o cualquier emoción negativa, es una señal de que tiene un mensaje para ti. ¿Sobre qué? Eso solo tú lo sabes.

Cada espacio envuelve una historia, y cada persona que lo habita tiene una versión sobre esa historia. Lo cierto es que cada cosa que posees representa algo en tu vida y debe estar o no por una razón. Por eso, al organizar tu espacio eres tú quien debe hacerlo, porque eres la única que entiende la historia detrás de cada objeto y quien necesita recibir su mensaje.

Con los 13 años que llevo trabajando en la organización profesional de espacios, al entrar en cualquier lugar puedo percibir situaciones que otros pasarían por alto: tensiones familiares, problemas de comunicación entre la pareja, baja o alta autoestima de la persona, armonía o conflictos en las relaciones entre hermanos.

A veces, esos mensajes son intensos y vienen de lugares que ni siquiera recordamos de manera consciente. Recuerdo un proyecto con una clienta que nos pidió organizar su casa por completo. Todo iba fluyendo, hasta que tocó revisar cada una de las maletas. Encontramos una color negro, de esas que sirven para ir al gimnasio; cuando descubrimos que había ropa, preferimos revisar con ella antes de sacarla.

La clienta ni siquiera recordaba la maleta. Había reprimido tanto ese recuerdo que lo escondió literalmente en lo más profundo de un clóset. Al preguntarle qué quería hacer con la ropa, vi cómo se le fue el color de la cara; empezó a sudar frío y, con un nudo en la garganta, nos pidió que la dejáramos ahí. Me di cuenta de inmediato de que algo profundo estaba pasando. La invité a salir un momento para tomar aire, y la contuve con un abrazo mientras respiraba agitadamente. Al tranquilizarse y percibir que podía confiar en mí, me confesó su historia: había perdido a su hija recién nacida, y el dolor fue tan grande que decidió guardar todo lo que la recordaba en esa maleta y bloquear esa parte de su vida para siempre.

Hablamos un rato sobre su pérdida, y le sugerí que, si sentía que era el momento, buscara a una tanatóloga para transitar el duelo. Respetamos su proceso y dejamos la maleta intacta, concentrándonos en terminar el resto de la casa. Semanas después, ella me buscó para contarme que, luego de hablar con una tanatóloga y trabajar su dolor, había logrado donar la ropita de su bebé a un hospital, para que alguna niña recién nacida que la necesitara la recibiera.

> *Las cosas a nuestro alrededor hablan de nosotros y proyectan lo que muchas veces no queremos ver o no nos damos permiso de mostrar.*

En una ocasión invité a cenar a mi nuevo departamento a una persona con la que salí un par de meses, era muy ordenado y tenía muy buen gusto. Al darle el recorrido, me dijo que se podía sentir el amor que yo había puesto en la decoración y el orden se percibía en cada rincón. Esa experiencia me hizo reflexionar sobre el impacto que tengo en las personas con quien convivo y cómo, solo conociendo mi casa, las inspiro a vivir más bonito. La gran lección que me han dejado tantas mudanzas es que **tu espacio es una extensión de tu ser interior,** una proyección de cómo te sientes por dentro.

Hemos condicionado la felicidad al resultado final, pero nos hemos olvidado del viaje. Al principio, organizar tu hogar puede parecer un esfuerzo, pero con el tiempo se convierte en entusiasmo al ver los resultados, porque ¡cada cambio que hagas en tu espacio es un reflejo de tu transformación interna!

Permítete descubrir lo que tus cosas tienen para enseñarte mientras las organizas; disfruta del proceso y valora cada etapa.

La visión

¿Te acuerdas del libro *Alicia en el País de las Maravillas*? Hay un diálogo magnífico entre ella y el gato. «Podrías decirme, por favor, ¿qué camino debo seguir para salir de aquí?», pregunta Alicia. «Esto depende, en gran parte, del sitio al que quieras llegar», dice el gato. Alicia responde: «No me importa mucho el sitio...». A lo que el gato contesta: «Entonces tampoco importa mucho el camino que tomes».

¡Así funciona la organización!

Antes de saber cómo llegar, necesitas saber a dónde quieres llegar, lo que se traduce en:

1. Elegir la zona a transformar.
2. Observar y analizar su situación actual.
3. Reflexionar para qué quieres realizar el proceso.
4. Saber cuáles son los beneficios y el resultado que buscas.

Aquí llegamos a lo que llamo «visión», y no empiezo ningún trabajo de organización con mis clientes sin antes conocer cuál es la visión que tienen para su proyecto. Siempre agendo una consulta inicial en el espacio del cliente para conocernos y explicarle cómo trabajo, cuál es la metodología que implemento y cuáles son las reglas del juego. Una vez que platicamos, puedo diseñar un plan para llegar a esos resultados y poner en marcha la transformación.

Para que identifiques tu propia visión, te comparto el siguiente ejercicio. Te recomiendo escribir tus respuestas a mano y, si quieres, también en las notas de tu celular para que las tengas presente ¡hasta cuando hagas el súper!

Piensa en la primera zona que deseas transformar, esa que te está causando tanta incomodidad que ya ni quieres entrar en ella. ¿Cuál es? ¿La bodega? ¿El garaje? ¿El clóset? ¿El estudio? ¿El cuarto de los niños?

____

____

____

Tómate un momento e identifica aquello que no funciona y aquello que sí.

____
____
____

Ahora, pregúntate: ¿Cómo te hace sentir esa zona? ¿Cómo te hace sentir el desorden que hay en ella? ¿Te sientes frustrada? ¿Agobiada? ¿Triste? ¿Devastada?... ¡Respira profundo!

____
____
____

Imagínala totalmente organizada. ¿Cómo se ve? ¿Qué puedes hacer en ella ahora, después de años sin aprovecharla porque no querías ni entrar? ¿Qué salió de esa zona que lograste soltar? ¿Cómo te sientes ahora al entrar en ella? ¿Se respira otro ambiente? ¿Cómo es?

____
____
____

Ahora, te comparto una lista con algunos de los beneficios de transformar el espacio que tienes en mente, para que marques los que más resuenen contigo. ¡Pueden ser varios! Al final, tienes un espacio para agregar otros que no encuentres aquí.

- Fomentar valores a través del ejemplo del orden y de la limpieza.
- Sentir paz, tranquilidad y satisfacción personal.
- Tener más tiempo para enfocarme en lo que me gusta, en lo que hace mucho tiempo no hago o simplemente para descansar.
- Mejorar mi calidad de vida con nuevos hábitos de consumo y libertad de elegir lo que dejo entrar en mi hogar.
- Enseñar a mis hijos a lograr y mantener su espacio organizado.
- Cuidar mi presupuesto al no gastar en cosas duplicadas o que no necesito.
- Administrar mejor mi tiempo al tener claridad y enfoque sobre las tareas y los proyectos que requiero sacar adelante.
- Sentir gozo al «palomear» las tareas que había postergado por años.
- Identificar con facilidad lo que requiero hacer para mantener mi salud y cuidados al pie de la letra.
- Encontrar al momento cualquier documento importante para algún trámite necesario.
- Atesorar mis recuerdos en un lugar especial para recurrir a ellos cuando lo necesite.
- Otros:

  ____

  ____

  ____

Cuando comprendes los beneficios, es más sencillo realizar las acciones.

Si te emocionan las tareas creativas, puedes crear un *collage* en el que muestres cómo te sientes en tu espacio en este momento, qué emociones provoca en ti el desorden y en tu estado de ánimo, y qué problemas ha ocasionado con las personas a tu alrededor. Además, puedes realizar otro *collage* con fotos increíbles que plasmen tu visión: aquello que tanto deseas sentir, ver y vivir cuando tu espacio esté ordenado.

Por último, cuando estés a punto de entrar en acción, te recomiendo hacerte estas tres preguntas:

- ¿Te interesa? ¿Es algo que te da flojera o desidia? ¿O algo que te invita a que suceda?

  ____
  ____
  ____

- ¿Te emociona? ¿Es algo que te fascina lo suficiente para realizarlo?

  ____
  ____
  ____

- ¿Lo deseas? Sabes que no será tarea fácil, pero cuando piensas en lo que traerá a tu vida, ¿entiendes que el esfuerzo será valioso?

Cada vez que te propongas organizar una zona o espacio, tómate un tiempo para definir la visión de tu nuevo proyecto. Parte de este capítulo como base.

Ten presente que si el anhelo que tienes de ordenar tu espacio no trasciende la incertidumbre, y gana la falta de seguridad, confianza o certeza de que lo lograrás, no llegarás a cosechar los resultados. Después de realizar estos ejercicios de visualización y reflexión, es mucho más probable que recuperes el orden en tu espacio y en tu vida, porque, como *Alicia en el País de las Maravillas*, sabes qué es lo que quieres y tienes una motivación clara para hacerlo... Solo es cuestión de seguir el camino correcto para llegar a tu visión, y yo te guiaré para lograrlo.

Los lentes mágicos: enfocando tu atención

A los 30 años me di cuenta de que al manejar ya no veía los señalamientos con claridad, pero como era muy buena forzando la vista y años atrás el optometrista me había dicho que tenía vista de halcón, no hice nada al respecto. ¡Al cumplir 35 ya no veía de lejos! Me pareció imprudente seguir manejando con esa condición, así que agendé una cita y ¡oh, sorpresa! necesitaba lentes. Cuando salí con ellos y tomé el volante casi se me salen los ojos. ¡No podía creer lo que estaba viendo! Todo a mi alrededor se veía muy nítido, recuerdo que gocé muchísimo el regreso a casa con los «lentes mágicos» que había adquirido.

Y ¿a qué viene esta anécdota? En esa consulta inicial con mis clientes de la que te contaba, dos de los puntos más importantes, y que deben quedar claros y honrarse como compromiso, son **el enfoque y la disponibilidad.** Necesito que el cliente me acompañe en todas las sesiones de trabajo, ya que es quien habita ese espacio y, por ende, la única persona que puede tomar decisiones sobre sus cosas y los lugares donde quedarán organizadas.

Por ese motivo, les pido que, durante el proceso, se coloquen los «lentes mágicos» para enfocar su atención. Mi recomendación es que eviten recibir visitas, tomar llamadas o citas y usar su celular. A veces les parece extremo, pero cuando descubren los frutos de su enfoque y disponibilidad, agradecen que haya sido tan rigurosa en ese aspecto. Por fin se dan el tiempo de reflexionar sobre lo que tienen y elegir de manera consciente el destino de sus pertenencias, como siempre lo habían deseado.

Uno de los errores más comunes al organizar algo es no prepararse para ello. Permíteme ponerte un escenario hipotético, el cual, estoy segura, ya has vivido. Abres el cajón del buró y al notar por quinta ocasión en el mes que es un verdadero desastre decides que es momento de acabar con el desorden de una vez por todas. Entonces, sacas el cajón y vacías sobre la cama el contenido: envolturas de dulces, papelitos, cables, libretas, lentes, pinzas de cejas, chocolates, cartas, medicinas, recetas médicas, el cargador del celular y hasta una cuchara. Empiezas a revolver todas las cosas, reprochándote cómo terminaron dentro del cajón.

Tomas la cuchara y lo primero que piensas es que sería lógico llevarla a la cocina, por lo que decides hacerlo en ese preciso momento. En el camino, te das cuenta de que tienes ocho mensajes sin leer en el celular, así que dejas la cuchara en la mesa del comedor donde estaba el celular y te pones a revisar tus mensajes. Es tu pareja pidiéndote que por favor le mandes una foto de un comprobante de domicilio; te olvidas de llevar la cuchara y entras al estudio a buscar entre montones de papeles.

Veinte minutos después de voltear todo de cabeza, por fin lo encuentras y mandas la foto. Te da sed, entras a la cocina, tomas agua y tratas de recordar a qué tenías que ir ahí, sin tener presente la cuchara que está encima del comedor. De repente, ves el reloj, ya se te pasó el tiempo, pues ¡tienes una reunión importantísima! Sales corriendo buscando tu bolsa y las llaves del coche por toda la casa, y cuando por fin te acuerdas de que están en tu habitación, entras para encontrarte todas las cosas del cajón del buró revueltas encima de tu cama.

¡Noooo! Otra vez «no te dio tiempo» de «organizar» tu cajón. Pero tienes que irte, así que lo más fácil es meter de nuevo todo dentro del cajón y esperar a otro día cuando «tengas tiempo» de «organizarlo». ¿Te suena familiar? Ahora imagina que, en lugar del cajón, se tratara de tu clóset o bodega.

Distraernos puede resultar tentador, me pasa mucho con las historias de mis clientes. Los objetos que poseemos guardan un origen, ninguno de ellos se materializó solo ni apareció por generación espontánea. Algunas veces intrascendente, pero muchas otras con gran valor sentimental, intelectual o histórico. Muchos clientes aman contarme de dónde vino el objeto, quién se los regaló, para qué se usaba, a quién le pertenecía... A mí me encanta escucharlos, pero demanda mucho tiempo. La realidad es que no podemos detenernos a recordar lo que entraña cada objeto. ¿Reconoces lo valioso que resulta determinar dónde debe estar nuestra atención?

Prepararnos y preparar todo lo necesario para comenzar, realizar y terminar el objetivo evitará que terminemos peor de lo que empezamos. El propósito de la planeación es considerar todos y cada uno de los elementos necesarios para que tu visión se convierta en realidad, sin abrumarte ni perderte en el camino.

Para lograrlo, es fundamental:

1. Entender lo que estás viviendo en esta etapa de tu vida, y tener claras tus necesidades y el alcance de tu tiempo y recursos.
2. Ser realista en cuanto al tiempo sin distracciones y a los recursos económicos de los que dispones.
3. Identificar si necesitarás apoyo, ya sea de un miembro de tu familia, una persona de servicio o alguna de tus amistades.

No olvides que, al emprender La Metodología del O.R.D.E.N.®, los «lentes mágicos» serán tus aliados para volverte superproductiva, atender los detalles con claridad y tomar decisiones con mayor rapidez y facilidad, porque simplemente estarás en el aquí y el ahora. Y ¿te cuento un secreto? Estos lentes te servirán para la vida, pues dejarás de perder las llaves del coche o de guardar el celular en el refrigerador (historia real). Esas distracciones desaparecerán, por lo que tendrás más tiempo disponible para lo que realmente amas hacer.

Y hablando de tiempo, una de las herramientas que más utilizamos en organizARTE es el «time timer». Se trata de un temporizador que visualmente nos muestra el tiempo que falta para que transcurra una hora. Como los organizadores profesionales cobramos por hora, resulta un buen estímulo para captar la atención de los clientes, a quienes les interesa tener resultados y cuidar su inversión. Esta herramienta también puede motivarte a ti, recuerda que **cada segundo cuenta** y que, si permites la dispersión atencional, es probable que el proceso te tome mucho más tiempo del esperado o que termines por rendirte.

Y si en este momento consideras imposible colocar en primer término la organización de tu espacio, te recomiendo postergar el proceso a cuando realmente le vayas a dar la atención que merece. ¡Si quieres, puedes!

Tu nivel de gozo al hacer algo es proporcional a tu nivel de presencia, así que mantén cerca los «lentes mágicos», prepara un temporizador y ¡a disfrutar del proceso!

PARTE III

La metodología

¡ES MOMENTO DE CONVERTIR TU VISIÓN EN REALIDAD! En este capítulo, te presento La Metodología del O.R.D.E.N.®, la cual se basa en cinco pasos cuyos nombres comienzan por cada una de las letras que componen esa palabra que tanto me gusta.

Por naturaleza, el ser humano tiende a enfocarse en las tareas que le dan mayor placer o satisfacción y a dejar de lado aquellas que le resultan complejas, aburridas o «imposibles». Lo mismo sucede cuando nos proponemos organizar un espacio, y por eso podemos perdernos en el camino. Creemos que cuando nos saltamos algún paso ahorramos tiempo, pero en realidad trabajamos doble y disminuimos la efectividad de los resultados.

Te invito a que sigas el paso a paso tal como lo describo a continuación, sin duda esa será la clave para el éxito de tu proyecto.

¡Manos a la obra!

Las siguientes instrucciones te ayudarán a tener todo listo cuando llegues a cada paso. No tienes que entenderlo ahora a la perfección, confía en mí y en el proceso.

Elige la zona que vas a transformar y asegúrate de tomar fotografías de su estado antes de organizarla. No darás crédito de cómo quedará después, ¡la vas a querer presumir a todo el mundo!

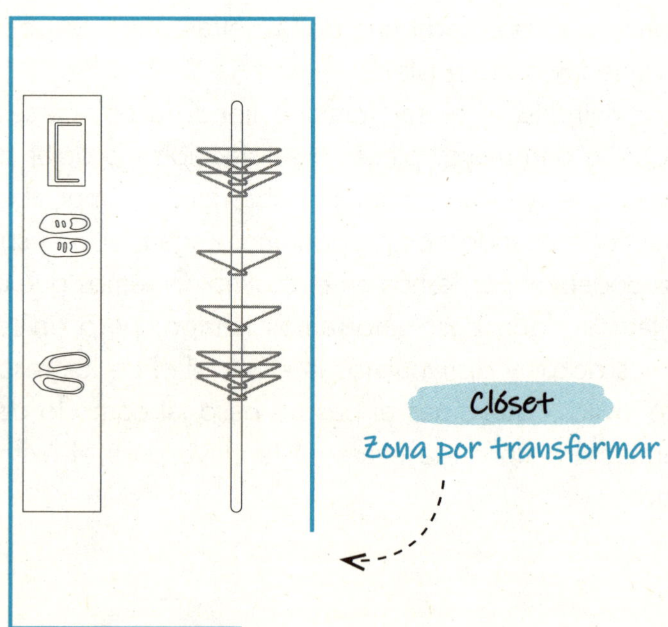

Selecciona la zona de trabajo, la cual será diferente a la zona por transformar, pero debe encontrarse cerca. Por ejemplo, si vas a organizar tu clóset, tu recámara puede convertirse en la zona de trabajo. Recuerda, deben ser espacios diferentes debido a todo lo que sucederá en cada uno.

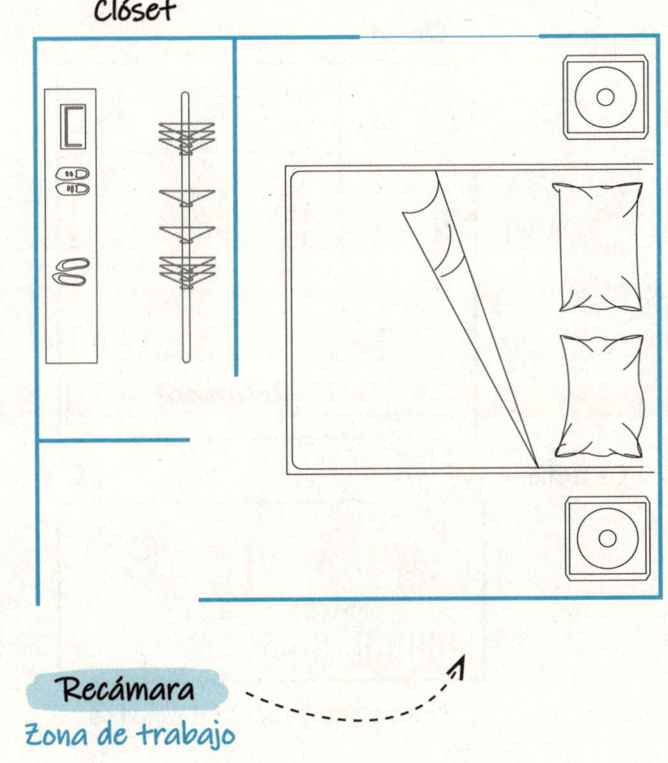

Contempla una zona para procesar objetos, diferente a la zona por transformar y la zona de trabajo. Puede tratarse de una mesa, si son objetos pequeños o medianos, o del suelo, si son objetos de mayor tamaño. Procura que la zona para procesar cuente con buena iluminación y suficiente espacio por donde caminar sin obstáculos.

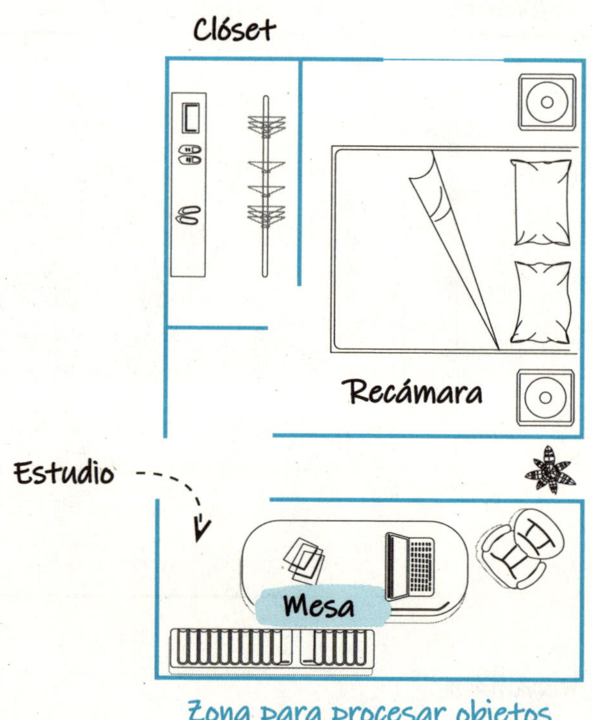

Zona para procesar objetos

Considera otra zona cercana y despejada para colocar las cosas que se quedan y no confundirlas con las cosas que faltan por procesar.

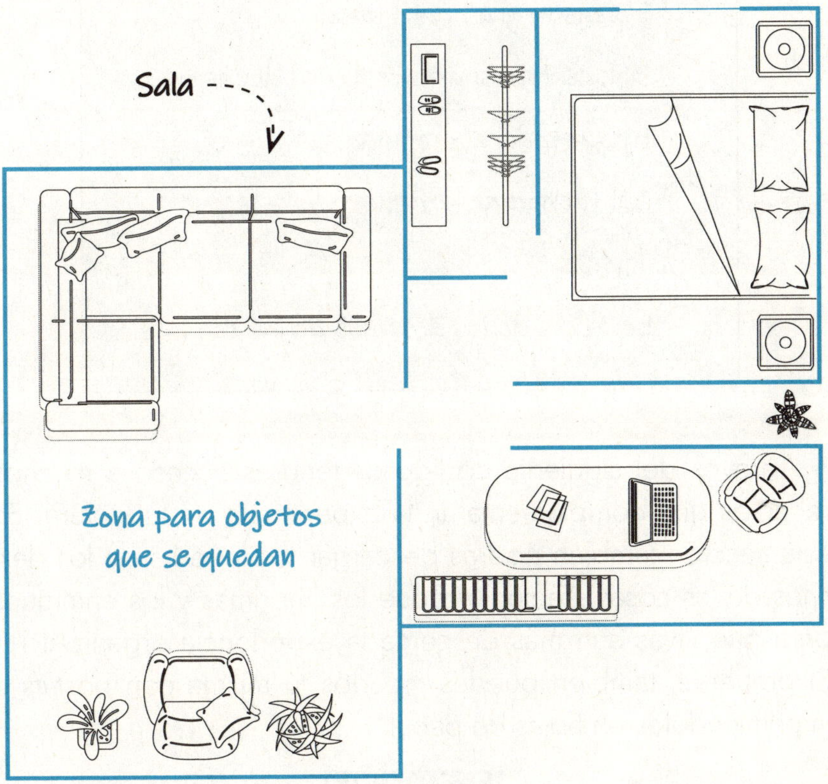

Sala

Zona para objetos que se quedan

Reúne las siguientes herramientas de trabajo:

- ◯ Post-its o notas adhesivas
- ◯ Marcador negro
- ◯ Cajas para categorizar
- ◯ Mesa para procesar
- ◯ Bolsas negras para basura
- ◯ Bolsas transparentes para donación
- ◯ Etiquetadora o rotuladora
- ◯ Cartucho para etiquetadora
- ◯ Tijeras
- ◯ Letreros de los destinos de las cosas*

* A través del siguiente código QR tendrás acceso a muchos recursos que complementarán la experiencia de tu lectura. En esta sección también podrás descargar los letreros de los destinos de las cosas. Te sugiero que los imprimas y los enmiques para que vivas aún más de cerca la experiencia organizARTE. Si prefieres, también puedes crearlos tú misma con *post-its* o imprimiéndolos en hojas de papel.

La Metodología del O.R.D.E.N.®

Ordena iguales con iguales

El objetivo de este paso es determinar las categorías de las cosas que existen dentro de la zona a transformar y visualizar el volumen de cada una de ellas.

Da un hogar

Al proceso de asignar un lugar específico a las cosas que se quedan lo llamo «dar un hogar». Esto asegura que exista un lugar para cada cosa y que cada cosa pueda regresar a él; con esto, el resultado será un espacio funcional y fácil de mantener.

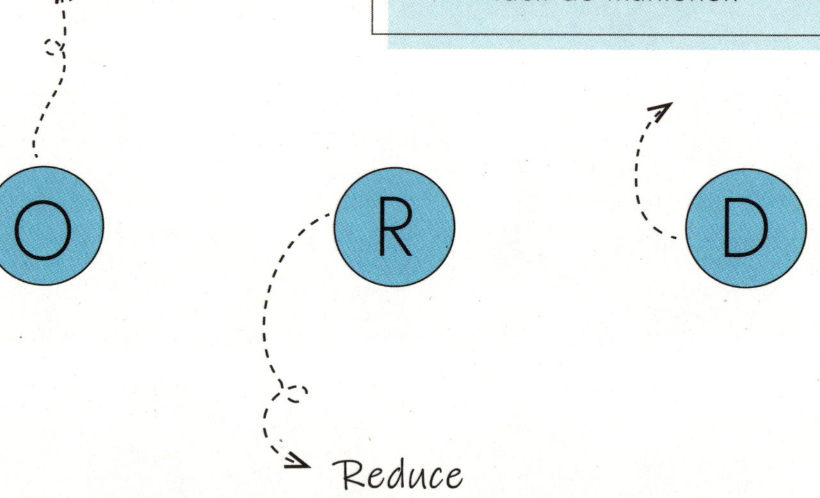

Reduce

Cuando todos los objetos estén debidamente clasificados, es momento de tomar caja por caja y analizar cosa por cosa para definir su destino. Recuerda que anteriormente establecimos las cuatro categorías para clasificar todas las cosas que tenemos en casa: las que usamos y necesitamos, las que nos hacen felices, las que amamos y las que no encajan en ninguna de las anteriores.

Etiqueta el contenedor ideal

Una vez que has dado un hogar a las cosas, el siguiente paso es contenerlas y etiquetarlas. Sin importar si son medianas o pequeñas, quedarán organizadas por más tiempo si las guardas en contenedores (cajones, cestas, frascos) y te apoyas de organizadores (bandejas, divisores, bolsas con compartimentos, ganchos) para su mantenimiento.

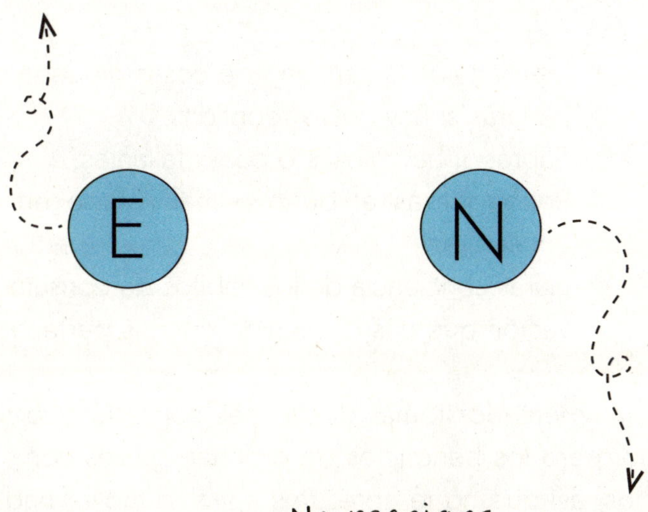

No recaigas

De la misma manera que tu casa requiere de una serie de cuidados para conservarse en óptimas condiciones, la organización de un espacio también requiere de un programa de mantenimiento para que tu inversión en tiempo, dinero y esfuerzo resulte de gran valor.

Ordena iguales con iguales

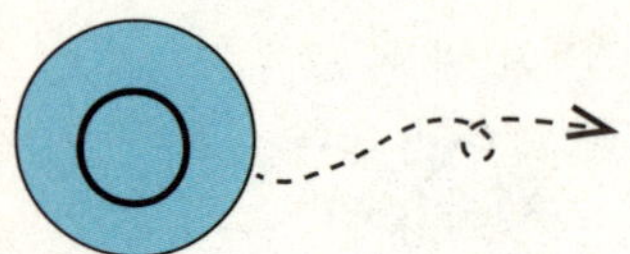

El objetivo de este paso es determinar las categorías de las cosas que existen dentro de la zona a transformar y visualizar el volumen de cada una de ellas.

De esta manera:

- Identificarás la cantidad de cosas de cada categoría.
- Notarás si hay cosas repetidas.
- Sabrás si hay piezas o cosas faltantes.
- Reconocerás el buen o mal estado en el que se encuentran.
- Harás conciencia de los hábitos de consumo y conservación que has mantenido con tus pertenencias.

Será muy tentador tomar decisiones sobre lo que irás encontrando, pero los beneficios de ordenar iguales con iguales son muchos, así que no te apresures a tirar o mover nada. **En este momento no vas a decidir si los objetos son útiles, bonitos, funcionales o basura: solo vas a categorizar.** El objetivo se consigue poco a poco, hasta vaciar la zona por transformar y haber colocado todo en la zona de trabajo, con las categorías de iguales con iguales.

Para comenzar esta categorización sin que te abrumes, toma una cosa y pregúntate «¿qué es?». En una caja, coloca todos los objetos que sean afines. Por ejemplo, si estás organizando tu cocina, en una caja colocarás solo los platos;

en otra, los vasos; en otra, las tazas; en otra, los sartenes; y así sucesivamente. Si no tienes cajas, no te preocupes, puedes usar bolsas de plástico o hacer montoncitos bien definidos para cada categoría. Ayúdate con los *post-its* y un plumón negro para etiquetar temporalmente las cajas, así será más fácil identificar lo que contienen.

En cuanto a los objetos que son más pequeños, te recomiendo ubicarlos sobre las tapas de las cajas, y así no ocupar la caja completa. **Además, es importante subcategorizar los elementos pequeños.** ¿Cómo? Pensemos en los utensilios de cocina: hay cucharones, espátulas, pinzas, cucharas, tenedores, cuchillos, cucharitas, cubiertos para bebés o niños, y un largo etcétera. Enfrentarse a todos ellos, como parte de la categoría general de «Utensilios de cocina», resultará abrumador; mientras que definir subcategorías («Cucharas», «Tenedores» y «Cuchillos») hará que, al momento de reducir, la tarea sea más llevadera.

Las categorías por identificar dependerán totalmente del espacio que estés organizando. Sin embargo, hay una categoría que, podría asegurar, está presente en todo proyecto de organización y es aquella destinada a los objetos «misteriosos», como ese tornillo o esa pieza de metal o de plástico que no tienes idea de qué es o para qué sirve. Bueno, es muy probable que más adelante aparezca el objeto al que pertenece, de ahí la importancia de evitar desechar algo que pareciera no ser útil.

Puedes etiquetar las cosas que no tienen una categoría muy definida como «Misteriosos», «*Random*» o «Varios»; te sorprenderá notar cuántos elementos acaban dentro de esta clasificación de misceláneos.

Ordenar iguales con iguales puede tomarte varias horas, según el tamaño del espacio a transformar y el volumen de cosas. Usa un temporizador que te mantenga enfocada; cuando lo necesites, haz una pausa para tomar agua o comer algo, y vuelve de inmediato a la labor. Al terminar, felicítate por el avance conseguido y asegúrate de reflexionar sobre el volumen de cada categoría fuera de su espacio habitual. Lo que descubras gracias a este ejercicio será muy valioso, porque te permitirá conocerte un poquito más y dar el primer paso para alinear tu entorno con tus verdaderas necesidades y deseos.

Esto me lleva al proyecto que desarrollé en septiembre de 2017, después del temblor, ¿lo recuerdas? Mi clienta había atravesado un proceso de cáncer, durante el cual se dio cuenta de que le resultaba muy difícil encontrar las cosas que necesitaba, escoger la ropa adecuada y mantener el orden entre tantas pertenencias. Ese periodo fue agotador, pero también revelador, ya que le hizo reconocer que ciertas decisiones (como la gran cantidad de ropa y productos de belleza que tenía y atesoraba) le estaban restando más que aportando. Lo único que deseaba era disfrutar de la segunda oportunidad que la vida le había dado con ella misma, su esposo, sus hijos y sus nietos.

Su visión me pareció muy bella y admirable, pero debo decir que fue un trabajo extenuante, y no solo por las circunstancias que nos habían afectado como población. Nos pusimos manos a la obra tres organizadoras: tardamos cinco días, con una jornada de ocho horas diarias. Nos impactó tanto la cantidad de ropa del clóset que tomamos nota del volumen por cada categoría. Identificamos 32 categorías y volúmenes como: 195 blusas, 138 calcetines, 99 playeras, 115 pantalones y 172 zapatos. Esta es la lista de iguales con iguales que identificamos:

195 blusas	40 pijamas
29 *pants*	23 gorras o viseras
72 pashminas	16 sombreros
20 bufandas	10 gorros de invierno
14 pares de guantes	62 jeans
71 bolsas	115 pantalones
35 bras	53 chamarras
52 tops deportivos	6 vestidos de playa
20 fajas	8 faldas
78 calzones	20 chalecos
99 playeras	172 zapatos o botas
91 *t-shirts*	14 trajes de baño
52 sudaderas	113 suéteres
24 sacos	26 cuellos de tortuga
138 calcetines	27 vestidos
100 medias	6 vestidos de noche

Mi clienta no daba crédito al ver que todas sus cosas categorizadas ocupaban por completo el comedor, la habitación principal, el pasillo y la sala. ¡Nunca imaginó que su clóset almacenara tanta ropa! Así entendió por qué se le dificultaba tanto vestirse cada mañana.

—¡Con esto podría vestir a una comunidad completa de mujeres! —nos expresó con sorpresa.

Eso fue exactamente lo que hizo. Durante el segundo paso de la depuración (que veremos más adelante) nos pidió que armáramos paquetes de ropa, con todas las prendas necesarias para vestirse de pies a cabeza: pijama, suéter, pantalones, blusas, playeras, pashminas y zapatos. Todo lo empacamos en bolsas transparentes por talla y lo enviamos a Chiapas, a una comunidad afectada por el sismo.

En lugar de acumular cosas que no necesitaba, mi clienta hizo una diferencia en la vida de otras mujeres, lo cual la llenó de satisfacción y orgullo. Al final, dejó ir más del 60% de sus pertenencias. Nos contó que parecía que se había quitado un peso de encima y que estaba preparada para, ahora sí, gozar su casa y su nueva oportunidad de vida.

Y ¿te comparto un secreto?

> *A mayor reflexión en este primer paso, mayor motivación para reducir en el siguiente.*

Reduce

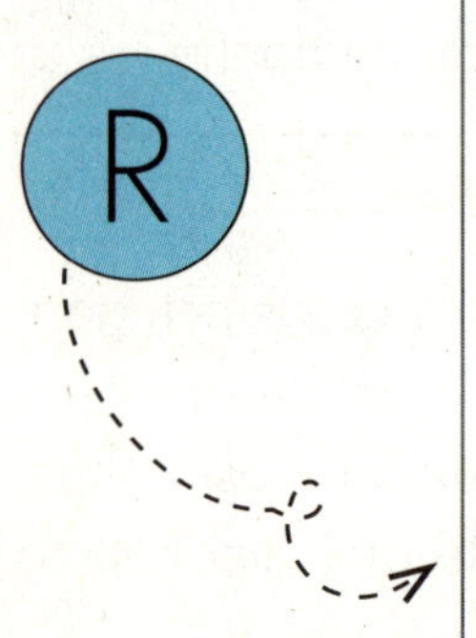

Cuando todos los objetos estén debidamente clasificados, es momento de tomar caja por caja y analizar cosa por cosa para definir su destino. Recuerda que anteriormente establecimos las cuatro categorías para clasificar todas las cosas que tenemos en casa: **las que usamos y necesitamos, las que nos hacen felices, las que amamos y las que no encajan en ninguna de las anteriores.**

> *El espacio para lo que quieres ya está ocupado por aquello por lo que te conformaste.*

El objetivo de este paso es quedarte con las cosas que amas, usas, necesitas y te hacen feliz, y canalizar tanto las cosas que elijas conservar como las que no aportan a tu vida a destinos específicos. No olvides que las cosas que no encajan en ninguna categoría no necesariamente acabarán en la basura, tener esto en mente te dará mucha paz.

De esta manera:

- Identificarás el destino final de cada una de las cosas que tienes en casa para canalizarlas donde corresponda.
- Ganarás espacio para las cosas que realmente aportan a tu vida.
- Simplificarás la limpieza del nuevo espacio organizado.
- No comprarás cosas que ya tienes.
- Serás el ejemplo para las personas que te rodean de que es posible vivir con menos.

Cuando eliges de manera consciente cada uno de los destinos que les darás a tus cosas, te estás haciendo responsable de ellas y estás honrando realmente las que te quedas. Durante este paso, además de lo que SE QUEDA, identificarás diferentes destinos. Estos son algunos ejemplos:

Donación	Por pensar
Venta	Por probar
Amigos y familiares	Para llevar a otra zona
Basura	Para revisar con otra persona
Reciclaje	Caja de tesoros
Arreglar	Proyectos
Tintorería	
Para lavar	

¡Vamos a hablar de algunos de ellos!

Hay cosas que definitivamente son **basura,** porque ya cumplieron su propósito y a nadie más le podrían servir. Por ejemplo, las cajas para empaquetar productos como electrodomésticos, televisiones, computadoras, celulares, etc. Muchas personas las conservan por «si acaso», ¿qué tal que después deciden vender los aparatos?, sin darse cuenta de que están ocupando espacio muy valioso en su hogar y de que están tomando decisiones para el futuro. Otras creen que si se cambian de casa van a necesitarlas para transportar los aparatos, pero la mayoría de los servicios de mudanza cuentan con el material necesario para hacerlo, y las cajas no serán requeridas.

También puedes identificar cosas que no te sirven para **reciclar,** como el papel, la basura electrónica (cables, aparatos de música, celulares, computadoras), el cartón, el PET o las pilas. Con esto, además de liberar tu espacio, contribuyes a reducir el impacto ambiental.

Otras cosas, que nos compramos en cierta época y nos venían de maravilla, pueden dejar de tener un propósito para nosotros, luego de transiciones o cambios en nuestra vida. Si se usaron muy poco, están en buen estado y, sobre todo, implicaron una inversión significativa, ¡puedes **venderlas** para que alguien más las honre en su vida actual!

> *Aferrarte a las cosas es aferrarte al pasado y no honrar tu presente.*

Considera que existen plataformas tanto físicas como en línea donde puedes venderlas y recuperar parte de la inversión que hiciste al comprarlas. Tomar la decisión de vender implica la responsabilidad de llevarlo a cabo; dejarlas en algún rincón para que mágicamente alguien las compre ocasionará más acumulación, y eso, a la larga, puede ser contraproducente para ti y para el proceso de organización que estás realizando. Mi sugerencia es que determines una fecha límite para que se vendan; si en ese tiempo no sucede, es mejor que las dones.

Ahora hablemos de esos objetos que quedaron olvidados en tu casa después de una cena con amigos o que alguien te prestó, pero que no has regresado. Todo aquello que está en tu espacio que debe ser devuelto a quien le pertenece corresponde al destino de **amigos y familiares.** En este destino, también puedes incluir aquellas cosas que ya no usas y que sabes que alguien cercano, como tu prima o tu mejor amiga, amará. Si es el caso, asígnales este destino para más tarde preguntarles a esas personas si las quieren y las necesitan, y entonces llevárselas o pedir que vayan por ellas.

Mi destino favorito es el de **donación.** Hay personas e instituciones que viven de las donaciones, y tú puedes hacer una diferencia en su labor. Desde 2014, a raíz de perder a mi mamá por cáncer, estoy muy comprometida en apoyar esta causa. En la primera consulta con mis clientes, les hablo sobre la institución que ayudo, la cual brinda hogar, educación y tratamiento al 33% de la población infantil de cáncer en México. Si ellos están de acuerdo y no tienen otro lugar de su preferencia, yo me encargo de canalizar toda la donación que sale del proyecto a La Casa de la Amistad. Muchos de ellos me han compartido que, al saber que algunas de sus pertenencias pueden cambiar la vida de otras personas, se despiden de ellas con mayor facilidad y aprecio.

Es muy importante que los artículos que destines a donación se encuentren en buen estado y limpios. Te propongo investigar sobre algún lugar en tu ciudad que ayude a una causa con la que resuenes; algunos sitios donde siempre son bienvenidas las donaciones son hospitales, asilos, casas hogar, casas cuna, iglesias y refugios de animales.

Además, te comparto algunas instituciones que hemos apoyado a través de organizARTE:

- Casa de la Amistad para Niños con Cáncer - www.casadelaamistad.org.mx
- Ejército de Salvación México - www.ejercitodesalvacion.mx
- Fundación Familiar Infantil - www.funfai.org.mx

Ahora me gustaría detenerme en dos destinos que quizá te llamaron la atención. Me refiero a la caja de tesoros y los proyectos.

¿Recuerdas tu último viaje? ¿El campamento de verano al que fuiste a los 10 años? ¿Tu primer beso? ¿La última Navidad que pasaste con tu abuelito? ¿Tu baile de graduación? ¿El momento cuando recibiste tu primer sueldo?

Meik Wiking, en su libro *El arte de crear recuerdos*, dice que «nuestras vidas no son los días que han pasado, sino los días que recordaremos para siempre». Cuando me pongo a pensar en el pasado, lo que llega a mi mente son olores, sabores, sonidos, canciones, sensaciones y voces. Claro, recuerdo algunos de los juguetes que tenía o los vestidos que me hacía mi abuelita para usar en las fiestas, pero lo que más recuerdo es cómo me sentía cuando estaba en contacto con esos objetos, la experiencia que me hacían vivir, no los objetos en sí.

La nostalgia es una emoción humana; se ha estudiado que puede producir sentimientos positivos, elevar nuestra autoestima y aumentar la sensación de ser amados por otros. Por lo tanto, tener objetos que nos traigan recuerdos lindos no tiene nada de malo, solo hay que tenerlos bien identificados y contenidos en un lugar especial: tu **caja de tesoros,** que puede ser una caja de cartón, una caja de diseñador, una canasta, un baúl o cualquier contenedor de plástico que tenga tapa, ¡no importa el material!, solo cuida que sea una caja que reconozcas perfectamente y puedas tener a la mano, ya que contendrá recuerdos irremplazables que no querrás perder de vista nunca.

Dentro de ella debes guardar objetos que realmente tengan un valor sentimental para ti, no cosas que usas o que necesitas en tu día a día. También considera que el contenido va a ir creciendo conforme tu vida continúe llenándose de más experiencias, así que selecciona una caja con suficiente volumen, pero práctica para guardar en el clóset, debajo de la cama o en el vestidor.

También podemos atesorar proyectos creativos que nos llenan de ilusión desde el instante en que llegan a nuestra mente: el *scrapbook* de recién casados, el álbum de fotos de los hijos o el de tu mascota, el mapa con los viajes que has realizado y los que sueñas hacer, la búsqueda de los nuevos cuadros para tu sala, el diario del mejor viaje de tu vida, el plan para la remodelación de algún mueble o los diseños de las mantas que quieres tejer para tu recámara o la sala.

La solución para que esas ideas maravillosas cobren vida y no te pase como a los «Proyectitos» se encuentra en la **caja de proyectos,** un destino que amarás porque será el hogar de todos los materiales del proyecto o los proyectos que deseas concretar.

Como lo último que queremos es que esas cosas se queden esperando aaaños dentro de bolsas o cajones, o que la caja de proyectos se convierta en una de apegos, desidia o falta de tiempo, la propuesta es que escribas una lista con los nombres de cada proyecto, con una fecha para comenzarlo y una fecha límite para terminarlo, y la coloques en un lugar que veas constantemente. Es más, puedes agregar las fechas en tu agenda para que el compromiso y la emoción sean aún mayores.

Estoy convencida de que cuando un proyecto es realmente importante, la caja de proyectos te hará el proceso más fácil. Y si el proyecto no es tan valioso para ti, este destino te dará el empujoncito que quizá necesitas para dejarlo ir.

Por último, llegamos a **las cosas que se quedan,** que corresponden a aquellas que amas, usas, necesitas y te hacen feliz, porque realmente cumplen un propósito en tu vida actual y aportan a la vida de tus sueños.

Después de conocer los posibles destinos de las cosas, es momento de reducir de una forma efectiva, cómoda y práctica, para lo que será necesario acercar a la zona de proceso las bolsas de plástico transparente para donación y las bolsas negras para basura, así como preparar la zona de las cosas que se quedan. **Para este momento, la zona de trabajo está ocupada por todas las categorías de la zona por transformar.**

Ten presente que este paso es el que mayor concentración y tiempo requiere de tu parte. Y por lo general es cuando muchas personas se dan por vencidas, porque tomar decisiones, mientras llegan a tu mente recuerdos y dudas, puede resultar emocionalmente abrumador. Te invito a que te entregues a la experiencia y sigas disfrutando del viaje.

Ahora sí, toma una sola de las cajas de la zona de trabajo y llévala a la zona de proceso: saca todo su contenido sobre una mesa o superficie plana hasta vaciarla, y déjala junto a ti. Después, reflexiona sobre cada uno de los objetos que tienes frente a ti. Si es **basura,** colócalo dentro de la bolsa negra; si es **donación,** dentro de la bolsa transparente; si quieres conservarlo, regrésalo a la caja vacía que tienes frente a ti. Una vez que terminaste de procesar esa caja, llévala a la zona que escogiste para todo **lo que se queda.** Continúa con otra y así hasta terminar con todas las cajas de cada categoría. **A este paso de selección lo llamo «procesar», porque consiste en decidir el destino de cada una de las cosas de manera consciente.**

Te sugiero no comenzar con una caja sin terminar la anterior, así como intentar ser muy paciente y gentil contigo. Quizá te enfrentes con la creencia de que todo lo que tienes lo necesitas y lo quieres, pero descubrirás que no es así en todos los casos. Solo tú puedes decidir sobre tus cosas, pero es importante que lo hagas con base en tu nueva visión y considerando que lo que quieres es un cambio real. No olvides que:

> *Si lo que estás queriendo retener te está quitando más de lo que te está aportando, esa es la clave para saber si se va o se queda.*

Algunas de las preguntas que puedes hacerte para tomar la decisión sobre el destino de las cosas son:

- ¿Lo amo?
- ¿Lo uso?
- ¿Lo necesito?
- ¿Me hace feliz?
- ¿Puedo vivir sin él?
- ¿Lo volvería a comprar?
- ¿Vale la pena el espacio que ocupa?
- ¿Aporta a la vida que deseo para mí en este momento?

Si una decisión te está tomando mucho tiempo o es necesario consultar a otro miembro de la familia que no está presente, establece una caja para esos objetos con el letrero de POR PENSAR o PARA REVISAR CON OTRA PERSONA.

> *Cuando reduces, todo parece más espacioso, sencillo y limpio.*

Ahora, si las cosas que te quedaste requieren una acción, como mandar a arreglar o llevar a la tintorería, ¡no la tomes en ese momento! Lo que te recomiendo es cambiarlas de categoría, ya no son «Cosas que se quedan» sino «Cosas para enviar a mi mamá», por ejemplo. Más adelante, cuando termines los siguientes pasos, llevarás a cabo la acción correspondiente a estos pendientes.

En el caso de las cosas **por probar** para confirmar si te quedan, también te recomiendo que no te las pruebes en ese momento, pero sí al final de procesar todas las demás categorías; de esta manera, antes del siguiente paso, ya sabrás qué cosas sí te quedas y cuáles no.

Y lo mismo aplica con las cosas **para llevar a otra zona.** Una vez que termines de procesar tooodo, puedes llevar los objetos a donde correspondan. ¿Te acuerdas del ejemplo del cajón y la cuchara? ¡Ahora ya conoces la importancia de no tomar acción sobre esos destinos en el momento que estás procesando!

Cuando termines de reducir, es muy probable que te impacientes porque aún no ves un avance significativo, pues las cosas que se quedan se encuentran en las cajas y no hay nada en su lugar. Además de contar con nuevas categorías que fueron saliendo de las cosas ya procesadas.

La angustia es normal; sin embargo, puedes hacer unos cuantos movimientos para lograr **claridad visual** en la zona, como retirar las bolsas de basura y las cajas de reciclaje, meter a la cajuela del coche aquello que vas a donar y colocar las cosas que quieres vender o las cosas que vas a regalar o devolver a amigos y familiares en un lugar estratégico (a la vista, pero sin estorbar). La idea es no afectar el flujo de movimiento en el espacio y regresar a tu centro antes de iniciar el siguiente paso. Te prometo que vas a agradecerte el esfuerzo, ya que la paz que puedas sentir en este punto no se compara con la paz que experimentarás después.

Recuerdo un proyecto hermoso con Mariana Garza. ¡Sí, la de Timbiriche! Sabía que me seguía en redes sociales y que le gustaba mi trabajo, pero no tenía idea de que me necesitara.

En noviembre de 2019, agendamos la consulta inicial. Su casa es linda, acogedora y muy familiar, llena de plantas y orquídeas ¡preciosas! Mariana me compartió que después de una gira con Timbiriche más larga de lo planeado, le urgía hacer una depuración de cada habitación, quedarse realmente con lo que necesitaba y crear sistemas de organización para poder mantenerla por mucho tiempo. Además, vivía con su hija María, quien acababa de entrar a la adolescencia, y como ella también está dedicada a la actuación de tiempo completo desde chiquita, ha estudiado en casa siempre, dando pie al reto de combinar casa y escuela en un mismo espacio.

Comenzamos ese mismo diciembre. Todo el equipo y yo estábamos extasiadas de trabajar con ella. Pudimos conocer los vestuarios que había usado durante toda su trayectoria como actriz y cantante, pero también conocimos su parte de empresaria, su faceta como mamá, su lado espiritual y su amor por la lectura.

Al terminar el proceso de depuración y organización de los espacios, y quedando muy pocos objetivos por cumplir, sucedió algo que nadie esperaba: llegó la pandemia. No logramos vernos para la última sesión de trabajo, donde colocaríamos y etiquetaríamos todos los contenedores. Elegimos respetar la cuarentena. Entre el encierro, la nueva normalidad y los retos que implicaron para la mayoría de las personas, Mariana, el equipo y yo logramos vernos ¡dos años después!, a pesar de que habíamos mantenido contacto activo por WhatsApp, en el grupo que armamos para no perdernos la pista.

El gusto que nos dio ese reencuentro fue impresionante; de hecho, formamos una linda amistad a partir del proyecto de organización de su espacio. Pero lo que más rescato de esta historia es que, cada vez que nos vemos, Mariana nos comenta que ella y María habían padecido mucho menos la cuarentena, pues, gracias a la armonía de los espacios en los que previamente habíamos trabajado, pudieron llevar una convivencia en paz y mucho más ligera.

Da un hogar

> Al proceso de asignar un lugar específico a las cosas que se quedan lo llamo «dar un hogar». Esto asegura que exista un lugar para cada cosa y que cada cosa pueda regresar a él; con esto, el resultado será un espacio funcional y fácil de mantener.

De esta manera:

- Localizarás más rápido los objetos que necesitas.
- Sabrás a dónde regresar las cosas que usaste.
- Implementarás un sistema para mantener el orden por más tiempo.
- Las personas que usen ese espacio podrán encontrar las cosas sin necesidad de preguntar.

Para este momento, en la zona de cosas que se quedan se encuentra únicamente lo que amas, usas, necesitas y te hace feliz. ¡Es momento de darle un hogar a cada una de ellas!

Recupera los *post-its* que utilizaste para etiquetar temporalmente las cajas de categorización y colócalos en el lugar donde quieras ubicar las cosas de dichas categorías. De esa forma, podrás decidir si ese acomodo es funcional o no, antes de desgastarte moviéndolas físicamente.

Una vez que elegiste el hogar de las cosas, comienza a colocar los objetos en los espacios designados. Es muy posible que a lo largo de este paso debas hacer ajustes.

> *Ten paciencia, es como un rompecabezas: probarás diferentes formas hasta que quede en el lugar perfecto para ti y tu familia.*

Para ayudarte a elegir el mejor hogar, pensemos en la cabina de un avión. El piloto tiene todo lo que necesita al alcance de sus manos; en ningún momento tiene que levantarse de su asiento para lograr el objetivo: pilotar el avión. ¡Eso es lo que debes buscar a la hora de elegir dónde ubicar cada cosa! Al tener todo a la mano para llevar a cabo la actividad que deseas, la harás más disfrutable y eficiente, con tiempos cortos y movimientos sencillos.

En el caso de los objetos que necesitas, pero usas con menor frecuencia, te tengo dos propuestas para darles un hogar adecuado. La primera consiste en ubicar en la zona que vas a transformar las áreas «no principales» o desaprovechadas, como los estantes más altos, los cajones menos accesibles, debajo de la cama o detrás de las escaleras. La segunda opción, si tu espacio te lo permite, es destinar un lugar específico para todo aquello que usas ocasionalmente o por temporada: una bodega, un clóset o un cuarto de tiliches.

Para seguir optimizando este paso, quiero compartirte dos trucos que se convertirán en tus aliados al momento de definir el hogar de cada cosa.

Crear zonas

El concepto de *zonas* va más allá de aplicar la frase de «un lugar para cada cosa y cada cosa en su lugar». Crear zonas consiste en hacer divisiones espaciales imaginarias a partir de las actividades que se realizan en una habitación, ya sea de tu casa u oficina. Una vez establecidas, el objetivo es mantener los elementos que corresponden a esa zona ¡en esa zona únicamente!, y así evitar el desorden.

Por ejemplo, en una cocina es recomendable tener diferentes zonas para diferentes funciones, como la zona de preparación, la zona de limpieza, la zona de café y té o la zona de la despensa. En la zona del café están las tazas, las cucharas, las servilletas, el café, el azúcar, y todo lo necesario para que, al momento de la preparación, no te pase como a mi clienta, quien tenía que bailar por toda la cocina para prepararse una taza de café cada mañana.

Ahora pensemos en una oficina, donde podemos ubicar la zona de trabajo, la de lectura, la de impresión y la de papelería. En la zona de impresión están la impresora, las hojas de papel, la engrapadora, los insumos necesarios para alimentar y dar mantenimiento a la impresora, etc.; de esta manera, cuando mandes a imprimir un documento, podrás disponer de todo lo necesario sin tener que hacer mayor esfuerzo.

Utilizar los espacios verticales

La frase de «no necesitas más espacio, necesitas menos cosas» es muy cierta, pero en algunos casos, a pesar de haber realizado una profunda depuración, simplemente no existe el espacio suficiente para darles hogar a las cosas que decidimos quedarnos. Cuando eso sucede, por lo general recurrimos a la repisa horizontal más grande: el suelo. Pero ¿qué hay de las paredes? Ahí es cuando digo lo siguiente: «Si no hay espacio, créalo, utilizando los espacios verticales».

Muchas veces no consideramos las paredes como espacios disponibles para guardar o colocar objetos; sin embargo, podemos aprovecharlas e instalar en ellas soportes, gabinetes, ganchos o cubos de madera para crecer los espacios. No hay una estructura o fórmula única para crear espacios verticales; puede ser tan sencillo como pintar una pared y colocar repisas.

Mi mejor aliado en los proyectos es Óscar, un carpintero muy brillante y profesional. Durante 13 años ha hecho realidad cualquier petición tanto para mi espacio como para el de mis clientes. En caso de que no conozcas a un carpintero, siempre habrá alguien que te recomiende a alguno. También puedes buscar a una persona cercana que te ayude a implementar estas soluciones y se convierta en tu aliada. Y si esto llega a complicarse, algunas tiendas venden las repisas o los muebles listos para colocarse; solo necesitas medir y planear lo que requieres.

No dudes en consultar en internet para inspirarte y crear tus propios diseños. Yo, por ejemplo, tomé de Pinterest referencias para que Óscar hiciera realidad mi primera oficina, en el departamento que después convertí en un Airbnb. Además de ayudarme a diseñar un escritorio donde pudiera trabajar cómodamente, adaptó un librero en vertical para guardar cajas, libros y cosas que necesitaba en ese espacio, y fabricó cajones especiales para los insumos de papelería, un archivero integrado en el último cajón y hasta una «pared» especial para colocar mi calendario y mi pizarrón de pendientes. ¡Amé cada minuto que pasé en esa oficina! Sin embargo, el temblor de 2017 se la llevó.

En mi siguiente espacio, me abrí a nuevas propuestas. Ya no quería tener libros por todos lados, por lo que de nuevo me inspiré en Pinterest, y Óscar creó un librero para aprovechar los espacios verticales y darles así un hogar lindo a todos mis libros. Cuando vendí ese departamento, fue ese mueble el que terminó por enamorar a la compradora. Yo lo amaba tanto, que le pedí a Óscar que lo replicara en el departamento donde actualmente vivo, y déjame confesarte que es de los detalles que más disfruto cuando estoy en él.

Todo es posible cuando te lo propones. ¡Atrévete a buscar soluciones creativas! Verás que tanto tú como tu espacio se transformarán radicalmente. Ese fue el caso de Bibi Nassar, quien comenzó siendo mi clienta, después nos convertimos en grandes amigas y ahora hasta colaboramos juntas. Ella es consultora de imagen y una de las mujeres que más admiro como emprendedora, mamá, esposa, ama de casa y amiga.

Llegó a mí con una crisis de caos interno muy fuerte gracias al famoso síndrome del impostor; me expresó que sabía que era muy buena en su trabajo, pero cada vez que llegaba a su clóset, donde guardaba zapatos, bolsas de diseñador y prendas increíbles, no sentía esa congruencia con su profesión. El desorden y la falta de espacio la estaban conflictuando emocionalmente.

Entre los retos que enfrentaba, nos compartió que, como no tenía espacio para todos sus zapatos, tenía que colocarlos arriba y alrededor del contorno superior del clóset. Visualmente no era lo más agradable, además de que no resultaba funcional, ya que Bibi no es muy alta y cada vez que necesitaba un par tenía que recurrir a una escalera.

Guardaba otros zapatos dentro de un compartimento de madera que se deslizaba hacia afuera del clóset, pero como no podía verlos era difícil recordar lo que tenía y planear el *outfit* del día con facilidad. Además, odiaba abrir y cerrar ese pedazo de madera, pues se quedaba atorado; prefería no abrirlo y, por ende, no usaba los zapatos que había dentro. Por último, almacenaba todas sus bolsas una sobre otra; buscar una debajo de la otra conllevaba mucho esfuerzo, así que la opción más fácil era no usarlas.

Nos tomó dos días llegar al resultado esperado. La clave fue crear el hogar ideal para sus pertenencias con ayuda del mejor carpintero, Óscar, claramente, quien de un día para otro elaboró unas repisas a la medida para colocar ahí la mayoría de los zapatos. También le pedí que quitara el compartimento de madera y que con ese mismo material diseñara un bote de ropa sucia integrado al espacio. Y en el área de arriba disponible, colocó un tubo para colgar vestidos cortos. Finalmente, hormamos cada una de las bolsas de diseñador, y las colocamos en las repisas que anteriormente estaban repletas de ropa y de las bolsas encimadas. Ahora podía verlas, disfrutarlas e intercambiarlas con más comodidad.

Fue muy emocionante, porque no solo resolvimos la armonía visual de sus zapatos, también logramos que Bibi los tuviera a la mano para planear sus *looks* con entusiasmo y fluidez. Además, dejó de sentirse como una impostora, pues ya había congruencia entre su clóset y su profesión. Siempre me dice que organizar su clóset ha sido de las mejores decisiones que ha tomado porque le dio un giro de 180 grados a su estado de ánimo cada vez que se viste por las mañanas, así como un *boost* de confianza a su trabajo como diseñadora de imagen profesional. ¡Objetivo logrado y todo gracias a los espacios verticales!

Bibi quedó tan contenta que, cinco años después, nos volvió a llamar para organizar la mudanza a su nuevo hogar. Nos encargamos de la cocina, el estudio, el cuarto principal y su clóset y las habitaciones de sus hijos, incluida la de la más pequeña, quien nació en ese periodo. Esto me hace confirmar que cuando experimentas una vida bonita, sustentada en un orden que tú misma puedes mantener, vas a querer cada vez más, porque sabes que funciona.

Etiqueta el contenedor ideal

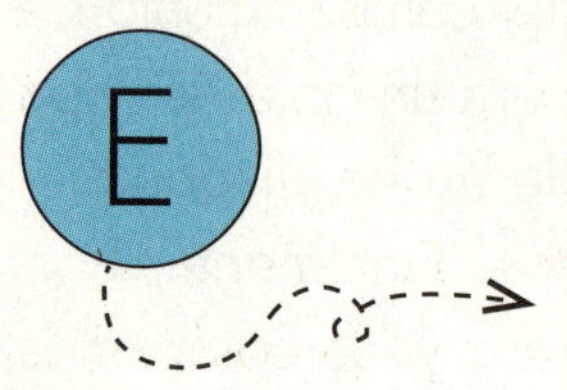

Una vez que has dado un hogar a las cosas, el siguiente paso es contenerlas y etiquetarlas. Sin importar si son medianas o pequeñas, quedarán organizadas por más tiempo si las guardas en contenedores (cajones, cestas, frascos) y te apoyas de organizadores (bandejas, divisores, bolsas con compartimentos, ganchos) para su mantenimiento.

De esta manera:

- Lograrás una mejor organización y visualización de los espacios.
- Protegerás tus pertenencias del polvo, de la humedad y de otros contaminantes.
- Podrás llevar y regresar a su hogar los contenedores u organizadores con mucha facilidad, con lo que evitarás el desorden en esa zona.

Te recomiendo que recorras la zona en la que acabas de darles hogar a las cosas para identificar los contenedores u organizadores necesarios, y hagas una lista que incluya el tipo, el número y las medidas requeridas para lograr el objetivo.

> *¡Antes de comprar contenedores u organizadores, mide siempre los espacios!*

Es mejor hacer ese esfuerzo en casa, que llegar a la tienda y vivir una gran angustia frente a la duda de si esa caja cabe o no en tu espacio; o peor aún, comprarla y que no quede, y perder tiempo en cambiarla o buscar otra. Recuerda medir el espacio donde vas a colocar el contenedor u organizador, así como calcular si el volumen de lo que necesitas contener cabrá dentro de él. ¡Ah!, y si se trata de una categoría que con el tiempo pueda crecer, no compres para el volumen actual, sino para el volumen futuro.

Una vez que tengas los contenedores u organizadores, coloca los objetos correspondientes. Si te gusta la idea de utilizar etiquetas para identificar tus contenedores u organizadores, crea las necesarias utilizando términos familiares para ti y las personas que comparten ese espacio. Puedes pegarlas solo en los contenedores u organizadores para saber su contenido, o puedes etiquetar tanto el contenedor u organizador como el mueble, la repisa o el entrepaño donde se alojarán. Esto sirve mucho para los niños que ya saben leer, pero aún están pequeños, para recordar dónde tomaron el contenedor u organizador. También para nosotros los adultos despistados y con prisa, pues será más sencillo devolver las cosas a su lugar y así mantener el orden por más tiempo.

Ahora, sé que comprar los contenedores u organizadores ideales puede resultar algo abrumador, porque hay una variedad enorme de opciones en el mercado y una gran gama de precios. Para que la decisión sea sencilla, es necesario considerar el estilo decorativo del espacio, los gustos de quien lo habita, el volumen de las cosas a contener y las dimensiones del espacio donde quedarán, así como el presupuesto establecido para el proyecto.

Y aunque el objetivo principal de la organización profesional es la funcionalidad, claro que podemos lograr un espacio lindo y armonioso. **La clave para lograr ese «efecto Pinterest» es la uniformidad, es decir, elegir un estilo consistente**

y mantenerlo en todos los elementos que uses para organizar y etiquetar.

¿Te acuerdas de que en 2015 organizamos el ático de Martha Debayle? Era el inicio de mi carrera, así como el de la industria de la organización profesional de espacios en Latinoamérica. En ese momento, tener una etiquetadora era lo máximo, y todos mis proyectos, incluyendo el de Martha, terminaron etiquetados con ese estilo de pies a cabeza.

A finales de 2024, Martha me buscó desesperada porque su ático necesitaba organización urgentemente. Casi diez años después, con la rotación de personal de apoyo en casa, con tantos integrantes de la familia, entre viajes, cambios de temporada, regalos que llegan constantemente, disfraces, recuerdos de trayectoria y demás cosas que se van acumulando, era imperativo que regresáramos a implementar La Metodología del O.R.D.E.N.®.

Esa vez, aunque el paso a paso era el mismo, mi experiencia, mi equipo y mis técnicas habían alcanzado otro nivel. Dedicamos un día al levantamiento de necesidades en cuanto a etiquetas: cuáles se requerían, de qué tamaño y en qué cantidad. Gracias a mi máquina cortadora de vinil Cricut, el espacio, además de funcional y práctico de mantener, quedó divino.

Una década llena de proyectos nos había brindado el conocimiento para implementar los mejores sistemas de organización y transformar nuevamente el ático de Martha, al marcar cada una de las categorías con las etiquetas de vinil más espectaculares de la industria. Estoy segura de que, con las etiquetas, los contenedores y los organizadores que colocamos, ese ático seguirá organizado durante, por lo menos, diez años más.

¡Tú puedes conseguir lo mismo! Una alacena bella con frascos y etiquetas iguales, o el cuarto de juegos de los niños con cestos del mismo material, o un clóset maravilloso con ganchos del mismo material y color.

Pero no te detengas por falta de presupuesto, recuerda que un espacio puede quedar organizado sin contenedores u organizadores de marca o de precio elevado. ¿Qué tal si desempolvas la «Cositas» que llevas dentro? Puedes pintar cajas de cartón del mismo color; o forrarlas de una tela que ames para renovar su estilo; o comprar contenedores de bajo costo e invertir en etiquetas de vinil para conseguir que se vean como siempre los soñaste. Incluso puedes usar programas de edición gratuitos en internet para diseñar tus etiquetas, imprimirlas y colocarlas plastificadas. Con un poco de ingenio, puedes transformar un espacio en un lugar funcional y hermoso.

Y no olvides capturar el «después» para compararlo con la foto del «antes», lo que te servirá para celebrar la transformación que acabas de lograr y para un tip que te doy en el próximo y último paso.

No recaigas

> De la misma manera que tu casa requiere de una serie de cuidados para conservarse en óptimas condiciones, la organización de un espacio también necesita de un programa de mantenimiento para que tu inversión en tiempo, dinero y esfuerzo resulte de gran valor.

De esta manera:

- Disfrutarás de una organización a largo plazo, al evitar que el caos vuelva a apoderarse de tu espacio.
- Podrás distribuir las tareas de organización con todas las personas que compartan el espacio.
- Vivirás más relajada, ya que pasarás menos tiempo limpiando y buscando cosas.

Constantemente me preguntan si mis clientes recaen con el paso del tiempo. He identificado dos tipos de personas. Del primer grupo, me viene a la cabeza el caso de Lucila: madre de cuatro, ama de casa, esposa y emprendedora. Durante una fuerte depresión, su médico le sugirió, como parte de su recuperación, que buscara a alguien que le ayudara con la organización de su casa.

Fue así como, en 2017, contrató nuestros servicios. El proceso fue superpositivo para la recuperación tanto de su espacio como de salud mental. Lu se volvió fan de organizARTE y una gran amiga de todas en el equipo. Y no solo eso, aprendió tan bien la metodología y a mantener los sistemas de su casa, que no fue necesario que regresáramos a darle mantenimiento.

A muchos esta situación puede parecerles «mal negocio», yo no lo veo así. Amo que mis clientes se involucren en el proceso, porque parte de mi misión consiste en enseñarles a pescar, y no darles el pescado en la mano, para que confíen en sus herramientas y sean capaces de conservar el orden sin recurrir a mí. Tal vez no regresen como clientes, pero se vuelven parte de nuestra comunidad y hasta amigos muy queridos.

También están quienes nos buscan por lo menos una vez al año para apoyarlos con lo que perdió forma a través del uso y el paso del tiempo, como Jenn, una de mis primeras clientas.

La hemos cambiado de casa cuatro veces, incluida una mudanza internacional a Los Ángeles, California.

Jenn tiene un alto puesto directivo en una empresa de tecnología muy conocida, viaja constantemente, y su peor pesadilla son los tickets que se acumulan durante todo el año. Además de asistirla en sus mudanzas y organizar sus espacios, nos contrata con frecuencia para la organización de sus documentos.

Podrías pensar que, una década después, ya aprendió a mantener los sistemas por su cuenta. Una vez se lo pregunté, y su respuesta fue clara: «Si ustedes existen y lo hacen tan bien, y yo lo odio y puedo pagarlo, ¿por qué no seguiría contratándolas? ¡Es una relación de ganar-ganar!».

Cada quien vive sus procesos de forma diferente; ni uno ni otro es mejor o peor. Lo importante es tomar las acciones necesarias para gozar de los beneficios del orden y de la organización por mucho tiempo.

Mi propuesta para ti es que desarrolles un plan de mantenimiento junto con las personas que usan el espacio. Incluye aspectos como: tareas, responsable, zona específica y frecuencia (ya sea diaria, semanal, mensual e incluso anual). Te recomiendo colocarlo en un lugar visible y adecuarlo tantas veces como sea necesario.

Te comparto una lista general de tareas y frecuencias para implementar en una casa. Úsala para inspirarte y diseñar tu propio plan de mantenimiento.

CADA MAÑANA

- Tender la cama
- Colgar la toalla
- Guardar objetos de aseo personal
- Alimentar mascotas
- Lavar platos

CADA NOCHE

- Dejar cocina recogida
- Ordenar escritorio
- Recoger juguetes
- Pasear al perro
- Regresar cosas a su hogar

CADA SEMANA

- Cambiar toallas y sábanas
- Regar plantas
- Aspirar
- Darles hogar a cosas compradas
- Archivar documentos importantes

CADA MES

- Limpiar el coche a profundidad
- Pagar cuentas
- Limpiar el refri
- Llevar/recoger ropa para tintorería
- Desinfectar electrónicos

CADA SEMESTRE

- Llevar el coche al servicio
- Depurar ropa de temporada
- Organizar espacios
- Revisar caducidad de medicamentos y alimentos
- Ajustar plan de mantenimiento

CADA AÑO

- Vacunar a las mascotas
- Depurar trabajos de los niños
- Limpiar la bodega a profundidad
- Planificar renovaciones
- Depurar y organizar el archivero

¿Te acuerdas de la foto que tomaste de la zona transformada? El tip extra que quiero darte es que la imprimas en un tamaño grande (de 8 × 11 pulgadas sería ideal) y la enmiques, para después colocarla cerca del espacio organizado. Servirá como guía para mantener las cosas en el espacio asignado al momento de la organización, y será mucho más sencillo y motivador mantenerlo así por más tiempo. Para no recaer, es vital mantener el orden y la armonía en tus espacios toooodos los días.

PARTE IV

Vitamina T (tips, técnicas y trucos)

EN ESTA PARTE, QUIERO COMPARTIRTE MIS TIPS, TÉCNICAS y trucos favoritos para los espacios de nuestros hogares que representan un reto mayor a la hora de organizarlos. Es importante mencionar que La Metodología del O.R.D.E.N.® es clave (¡no te la saltes, por favor!), pero con estos consejos vamos a terminar de darle el toque especial a cada rincón.

Además, en el último apartado, te presento una nueva zona que tal vez, como me pasó a mí, no sepas que existe y que puedes incorporar a tu hogar para transformar tu rutina diaria y la de las personas que viven contigo (si es el caso). ¡La amarás!

Toma nota e inspírate de mis recomendaciones, también te invito a abrazar tu creatividad para que personalices tus espacios como siempre los soñaste.

Cocina

En muchas casas, la cocina es el espacio más concurrido por la familia. Ahí preparamos y disfrutamos de los alimentos, pero también nos ponemos de acuerdo para asuntos de la dinámica diaria o nos encontramos con las personas con quienes vivimos antes de salir a nuestras actividades o al llegar de estas. Es, sin lugar a dudas, el corazón del hogar. Pero ¿qué sucede cuando es un caos? Se vuelve un campo de batalla en lugar de representar un espacio para la convivencia en armonía.

1 Tengo demasiadas cosas en la cocina y ya no quepo en ella.

TIP: no me cansaré de decirlo: depura. Estoy segura de que por lo menos el 20% de las cosas que almacenas en tu cocina no las usas ni recuerdas que las tienes. Ahora que ya la conoces, sigue La Metodología del O.R.D.E.N.®; descubrirás que tienes más espacio del que imaginabas, espacio donde podrás encontrar y honrar las cosas que sí necesitas.

2 No sé dónde colocar las tapas y las ollas que guardo en el horno de la estufa.

TIP: para las tapas, implementa los espacios verticales al interior de las puertas de los gabinetes; puedes colgarlas de unos ganchitos adheribles. También existen organizadores especiales para almacenar las tapas en posición vertical; de esta forma, ninguna tapa estorba cuando necesitas tomar alguna. En cuanto a las ollas y sartenes, si tienes poco espacio, acomoda una olla sobre otra, intercalando un paño entre cada superficie para protegerlas. O puedes usar organizadores para dar doble altura, sin necesidad de encimarlas. Lo más recomendable es almacenar tanto las tapas como las ollas cerca de la estufa, en un cajón hondo o en los gabinetes más cercanos.

3 Me cuesta mantener limpia la cocina.

TIP: lavar los platos en la cocina es como tender la cama en la recámara, porque produce el 50% de la claridad visual que requiere tu mente para percibir que el espacio no está tan desordenado. Crea un sistema para lavarlos tan pronto termines de usarlos y asegúrate de tener un escurridor de platos y cubiertos ideal para el volumen de cosas que se ocupan en cada comida. Intenta no dejarlos ahí por mucho tiempo; mientras más pronto los coloques en su hogar, menos desorden verás en tu cocina.

4 Tengo muchos electrodomésticos y ¡todos los uso!

TIP: si ya hiciste una reflexión exhaustiva de cada uno y decidiste que todos son indispensables, deja sobre la cubierta de la cocina aquellos que utilizas todos los días. Para los que usas menos, encuentra un espacio adecuado dentro de la alacena o los gabinetes. Y si hay algunos que solo requieres una o pocas veces al año, almacénalos en un lugar fuera de la vista, pero accesible, como un estante alto.

5 Soy amante de las vajillas, ¡no puedo parar de coleccionarlas!

TIP: si somos sinceras, solo necesitas la vajilla del diario y la de ocasiones especiales, aunque, para este punto, ya te imaginarás que para mí cada día es especial. La solución que te propongo dependerá de tu espacio. Si cuentas con poco, conserva únicamente la de todos los días; ¡tu paz mental te lo va a agradecer! Recuerda que puedes vender, donar o regalar las vajillas para que alguien más las disfrute. Si cuentas con suficiente espacio, y realmente las usas, no te limites y guarda todas: la de la suegra que ha pasado de generación en generación, la de Pascua, la de barro para el Día de la Independencia, la de los cumpleaños y la de Navidad. Para mantenerlas en buen estado y sin polvo por temporadas largas, busca contenedores especiales para vajillas; los hay de tela por dentro y plástico por fuera. Obviamente te invito a que las honres, ¡cada vez que puedas! Estoy segura de que tú sabes perfectamente si les estás sacando jugo o no. Si no es así, ya sabes qué destinos puedes elegir para ellas.

Tantos vasos, tazas y copas ocupan la mitad de la cocina.

TIP: ¡divide y vencerás! Aquí la clave es preguntarse cuáles son los vasos y las tazas que realmente usas para el diario o más seguido, esos son los que tienen que vivir en la cocina. Para las copas, vasos especiales y tazas de visitas, puedes asignar un lugar en el comedor, como en un bar o trinchero, donde almacenes todo eso que necesitas en momentos especiales.

Alacena

Es mucho más que una zona para albergar productos y alimentos. Se trata del alma de la cocina, a la que acudimos prácticamente todos los días. Cuando no está en orden, puede convertirse en un verdadero dolor de cabeza. ¿Te ha pasado que necesitas urgentemente salsa verde, pero como tu alacena está repleta no te dan ni ganas de revisar si hay o no? Así que sales corriendo al súper y, cuando estás dándole hogar a todo con más calma a tu regreso, te das cuenta de que hasta el fondo ¡había no uno, sino tres frascos de salsa! Lo mejor de todo es que, con un poco de organización, tu alacena puede no solo resultar funcional, sino convertirse en uno de los rincones más hermosos y dignos de Pinterest en tu hogar.

1 Se echan a perder productos sin darme cuenta.

TIP: revisa la caducidad de los alimentos cada seis meses y desecha los ingredientes o productos que están en mal estado o caducos. El récord del producto más viejo que hemos encontrado había caducado en 1993, y la clienta nos había comentado que «acababa de checar caducidades». Para que no te pase lo mismo, tómate la tarea muy en serio, agendando un recordatorio en tu calendario con el tiempo necesario para revisar con calma.

2 Siempre reviso caducidades, pero ¿cómo le saco provecho a lo que tengo?

TIP: cada vez que surtas tu despensa, asegúrate de colocar los productos nuevos detrás de los que ya tenías; de esta manera, vas a consumir los que tengan fecha de caducidad más próxima. Este sistema, conocido como «primeras entradas, primeras salidas» (PEPS), es implementado por restaurantes y cadenas comerciales para evitar el desperdicio de insumos o productos. Es una pena ver la cantidad de comida que llega a tirarse por descuido. Y si haces una revisión periódica de caducidades, podrás planear tus comidas de acuerdo con los ingredientes o productos más próximos a caducar.

3 Mi alacena es muy pequeña y todo se revuelve con todo.

TIP: implementa cajas, canastas o huacales dentro de la alacena para categorizar los productos, así será sencillo identificar lo que necesites y regresarlo a su lugar después de utilizarlo. La uniformidad es clave para crear orden y belleza visual; procura que los contenedores sean del mismo estilo y diseño, y no te olvides de medir el espacio y calcular el volumen antes de comprarlos o conseguirlos (recuerda, no tienen que ser carísimos de París).

4 Mi alacena es tan pequeña que ni siquiera caben contenedores en ella.

TIP: separa por sabores. ¡Sí, así como lo lees! De un lado coloca todo lo dulce y del otro todo lo salado. O en su defecto, arriba lo dulce (para evitar tentaciones) y abajo lo salado. Tal vez sea imposible utilizar cajas o huacales, pero las repisas pueden funcionar como «contenedores» de esas dos grandes categorías.

5 Por más que organizo mi alacena, no parece de Pinterest.

TIP: okey, no quiero resultar repetitiva, pero el secreto es la uniformidad en los contenedores (además de aplicar La Metodología del O.R.D.E.N.®, claro está). Cuando uniformamos los contenedores y colocamos los productos directamente en ellos, sin cajas ni tantos empaques, reducimos la cantidad de marcas visibles, que son las que producen ese aspecto *tutti frutti.* Otro truco infalible es optar por insumos que venden a granel; al mismo tiempo que evitas la generación de basura, te surtes de alimentos de calidad que puedes rellenar en frascos iguales de plástico, acrílico o vidrio. Recuerda identificarlos con la fecha de caducidad correspondiente; puedes escribirla en una etiqueta y colocarla en la parte inferior o detrás del frasco. Con un sistema de frascos y contenedores lindos, y más aún si las etiquetas son de vinil, ¡wow, vas a quedar feliz con el resultado!

6 Solo yo sé dónde encontrar cada producto, ¿cómo le hago para que todos en casa encuentren lo que necesitan sin mi ayuda?

TIP: etiqueta los contenedores para que todos puedan localizar los productos y devolverlos a su lugar después de usarlos. Al crear un sistema y enseñarles a todos cómo funciona, evitas que dependan de ti para encontrar las cosas. Hay etiquetadoras muy accesibles en las papelerías, y pueden convertirse en uno de tus básicos para el orden de tu alacena y hogar. Si quieres verte más pro, puedes mandar a imprimir etiquetas de vinil adherible del color que mejor combine con el diseño de tus espacios. Y si eres amante de las mejores herramientas, puedes hacerte de una cortadora de vinil Cricut, e irte como hilo de media con las etiquetas. Estoy segura de que tu alacena y tu casa, además de funcionales, se verán como todo lo que tienes guardado en tus *boards* de Pinterest desde hace años.

Estación de café

Si eres amante del café o del té (como yo), de seguro tienes varias cafeteras, teteras o aditamentos, así como una colección hermosa de tazas y termos. Imagina todo organizado en un mismo lugar, esperando ese momento para disfrutar sola o acompañada esa dosis de cafeína o hierbas que tanta falta nos hace para empezar con toda la actitud un nuevo día. Así, sabrás perfectamente si algo está por terminarse y necesitas comprar más; tampoco perderás tiempo valioso en las mañanas al preparar tu bebida favorita o en las comidas cuando llegue el momento del postre.

1 No sé cómo darles hogar a mis tazas para que estén seguras.

TIP: puedes colgarlas por las asas con ganchitos dentro de los estantes, para aprovechar los espacios verticales; apoyarte de organizadores de doble altura para crear más espacio de guardado; o colocar las tazas en una repisa o un espacio disponible amplio, sin encimar unas con otras.

2 Los cables de la cafetera se enredan o dan un aspecto desordenado.

TIP: existen unos ganchos especiales con adhesivo en el anverso. Solo tienes que pegarlo detrás de tu electrodoméstico y enredar el cable en el gancho. Son maravillosos y los encuentras en internet como «organizadores de cables autoadhesivos para electrodomésticos». ¡Ya no verás cables sueltos por toda la cocina y menos en tu estación de café!

¿Cómo logro una estación de café como las que veo en Pinterest?

TIP: piensa en un hotel o un Airbnb, donde todo es básico, pero acogedor y muy cuidado. Puedes agregar una canastita para el azúcar o la crema en sobres, una cajita especial con variedad de tés, un contenedor lindo para las cucharitas, un servilletero funcional, pero con un toque diferente. Déjalo como si fueras tu propia invitada, ¡porque al fin de cuentas lo eres!

Sala

Sala de estar, sala de tele o sala familiar... Sea cual sea, es un espacio central de convivencia donde ocurren todo tipo de actividades: recibir visitas, ver películas, leer, trabajar un rato y hasta comer. Al fungir como un espacio comodín, suele estar invadido por cosas que no precisamente pertenecen ahí. ¡Vamos a cambiar eso!

1 Cada noche mi sala parece un campo de batalla.

TIP: invierte diez minutos para dar claridad visual, doblando las mantas y colocándolas en su canastita; alineando los cojines de los sillones y golpeando ligeramente los cojines decorativos para que recuperen su forma; llevando los platos sucios a la cocina; retirando la ropa, los abrigos, las bolsas o las mochilas a su hogar. Al día siguiente, vas a agradecer amanecer con una sala recogida y sin ruido visual.

2 Doy cientos de vueltas al día para llevar las cosas a donde corresponde.

TIP: elige una caja, bandeja o canasta para colocar todo lo que no pertenece a la sala y llevarlo al mismo tiempo a donde corresponde. Esta técnica a la Caperucita Roja te ayuda a organizar muchas cosas de un jalón, sin desgastarte y hasta disfrutando del proceso.

3 Nunca encuentro las llaves ni mi bolsa de mano cuando estoy por salir.

TIP: coloca una mesita de apoyo en la entrada de tu casa o en un rinconcito accesible de tu sala, que será el «hogar temporal» de tu bolsa de mano durante el día. Justo encima, instala un ganchito o portallaves (según el volumen de tus llaves) para que siempre las coloques al entrar y las tomes al salir. Con el tiempo, este simple cambio se convertirá en un hábito, evitándote el estrés y la pérdida de tiempo de buscar dos elementos esenciales en tu día a día.

4 Ya no resueno con la decoración de mi sala, pero tengo muchos portarretratos con fotos muy especiales para mí, ¿qué hago?

TIP: aquí hay varias cuestiones: ¿te gustan los portarretratos? ¿Te gustan las fotos? ¿Ya no te gusta ninguno de los anteriores? Si quieres conservar las fotos, pero ya no tenerlas expuestas, llévalas a tu caja de tesoros. Si los portarretratos ya no son de tu agrado, puedes donarlos; si todavía te gustan, cámbiales las fotos y colócalos nuevamente donde elijas. Hagas lo que hagas, siempre honra tu espacio con cosas que te hagan sentir bonito cuando las veas.

Estudio

A raíz de la pandemia, trabajar desde casa se volvió una realidad para muchas personas; y aunque ciertas empresas regresaron a la normalidad, el *home office* sigue siendo una práctica muy común, especialmente para *freelancers* o emprendedores. Tu estudio, oficina en casa o despacho debería ser un lugar que te permita desconectarte de los asuntos de la casa y enfocarte sin distracciones en lo laboral, peeero hay una línea muy delgada entre esos dos ámbitos de la vida, por lo que es muy fácil que lleguen a confundirse y que tú pierdas el equilibrio.

1 Hago *home office* diario, pero mi casa entera termina convirtiéndose en mi estudio. ¡Ayuda!

TIP: si creas un estudio funcional, no necesitarás que el resto de la casa cumpla ese propósito. Enfócate en aspectos esenciales, como una excelente iluminación, una silla supercómoda para no lastimar tu espalda, un escritorio con las dimensiones adecuadas para tu labor, una mesa de apoyo para colocar la impresora y otros insumos que utilices a diario, y almacenaje suficiente para tus documentos o equipos.

2 No me dan ganas de ponerme a trabajar en un espacio que se siente «apagado».

TIP: haz de tu estudio el lugar de trabajo de tus sueños. Además de atender las sugerencias que te di en el punto anterior, coloca papel tapiz en las paredes para darle un toque especial; instala una lámpara hermosa, sin perder la buena iluminación; añade detalles lindos que te motiven, como postales o frases en un pizarrón, un *vision board* con recortes de experiencias que anhelas o un florero práctico y lindo. Cuando estás en un espacio que te inspira, ¡no quieres salir de él!

3 Mi estudio es también el lugar donde hago ejercicio, medito, leo, pinto...

TIP: a veces realizamos varias actividades en un mismo espacio porque no tenemos de otra, y está bien, solo hay que hacerlo de manera inteligente. Una pesa no tiene nada que hacer sobre el escritorio, ¿estamos de acuerdo? Mi recomendación es: «zonifica», es decir, crea límites dentro del espacio con los elementos que usas para cada actividad. La zona para hacer ejercicio tiene las pesas, el mat de yoga y las ligas, todo dentro de una caja o un cubo. La zona de lectura es la más próxima a la lámpara, el librero y el sillón. Y la zona de trabajo incluye el escritorio, la silla, los insumos de papelería y la computadora.

4

Necesito y uso muchas cosas de papelería y manualidades, pero tengo poco espacio para guardar todo.

TIP: habrá cosas que uses todo el tiempo, y otras que son repuestos o de uso ocasional. Como en la cabina del piloto de avión, asegúrate de dejar alrededor de ti los básicos para tus tareas diarias (o las de tus hijos, si los tienes), organizados en cajones o contenedores. Guarda el resto en espacios designados fuera de tu zona inmediata de trabajo o de proyectos creativos, como estantes y cajas etiquetadas.

Cuarto de tiliches

No todas las personas tenemos la fortuna de tener una bodega, por lo que la mayoría de las veces recurrimos a un cuarto, clóset o baño para almacenar esos objetos que ocupamos en ciertas ocasiones o que no tienen un hogar establecido. Este espacio, que comúnmente llamamos «el cuarto de tiliches», representa una excelente solución, pero no por ello debemos dejar que se convierta en un caos.

1 Este espacio no tiene nada de orden. ¿Cómo puedo organizarlo para que sea más funcional?

TIP: ¡organiza por festividades! Después de haber hecho una depuración exhaustiva, quedándote con lo que realmente necesitas, categoriza por festividades: Pascua, Día de la Independencia, Halloween, Día de Muertos, Navidad, etc. Mi recomendación es que uses cajas grandes de plástico transparentes, ya que les cabe todo tipo de adornos, peluches, esferas, esqueletos y hasta sombreros. Si es posible instalar estantes para colocar las cajas, maravilloso. Si no, generalmente ese tipo de cajas son apilables: ordénalas por cronología de festividad, ya que, al repetirse cada año, van a ir rotando hasta dar la vuelta completa.

2

No tengo cuarto de tiliches,
pero amo la decoración de temporada y
siempre termina arrumbada en una esquina.

TIP: apóyate de las cajas que pueden guardarse debajo de la cama; son bajitas, largas y tienen rueditas. Con esta solución, almacenas las cosas que no necesitas tener a la mano, y las mantienes «escondidas» en un lugar que generalmente está desaprovechado. Y cuando quieras limpiar debajo de la cama, mover las cajas no será un problema, por las rueditas. También puedes conseguir cajas que quepan en tu clóset, donde no estorben en el día a día, para proteger tus cosas hasta el momento en que las necesites.

Baño

Te sorprenderías con la cantidad de cosas que se pueden guardar en un baño, sobre todo debajo del lavabo, en esos pequeños muebles que parecen tener un hoyo negro. El reto puede complicarse cuando se trata de un baño compartido... En el baño nos transformamos cada mañana para conquistar un nuevo día. No queremos un baño que nos produzca malestar o estrés; todo lo contrario, un baño es un espacio de limpieza, renovación y purificación.

1 Tengo muchísimos productos de *skincare*, maquillaje e higiene que a veces terminan revueltos.

TIP: en el baño, además de ordenar por categorías, tienes que hacerlo por uso. Ok, tienes muchos productos, pero ¿todos los usas diariamente? Después de depurar (recuerda que no es un paso opcional) categoriza por uso diario, de vez en cuando, gimnasio, repuestos, viaje, etc. Al momento de dar hogar a cada elemento, vas a priorizar los del diario en los cajones más accesibles. Después, acomoda los que usas con menor frecuencia y así hasta llegar a los que usas muy poco. Te sugiero contener cada categoría en cajas de plástico transparentes (tamaño zapatos) y etiquetarlas para identificarlas perfectamente; para los productos que llevas al gimnasio o de viaje puedes usar directamente el neceser donde los transportarás. Por último, cuida que todo lo que coloques debajo del lavabo se encuentre en contenedores de plástico con tapa; si hay escurrimientos, los objetos no se dañarán.

2 Mi botiquín es un desastre, las cajas de los medicamentos son de diferentes tamaños y hay medicamentos que han caducado.

TIP: revisa la caducidad de las medicinas periódicamente, por lo menos cada seis meses. Programa un recordatorio en tu agenda digital, ¡el tiempo vuela y perdemos la noción de cuándo lo hicimos por última vez! Las mismas cajas de plástico transparente para zapatos son ideales para las medicinas. Puedes categorizarlas por «achaque» como le digo yo, o como a ti te funcione mejor. Siempre etiqueta las cajas para que todos en casa puedan encontrar lo que necesitan sin tu ayuda. Si tienes hijos pequeños, guarda los medicamentos en un lugar de difícil acceso para ellos. Y en cuanto al botiquín de emergencias, define un hogar accesible que todos en casa tengan bien identificado.

3 Quiero un baño lindo y acogedor, tanto para mis invitados como para mí.

TIP: los pequeños detalles en un baño hacen la diferencia. Incienso, velas aromáticas, flores, canastitas, conjunto de toallas, cuadros, sales relajantes y una linda iluminación, son algunos de los elementos que convertirán un espacio que podría resultar poco atractivo en uno especial y único.

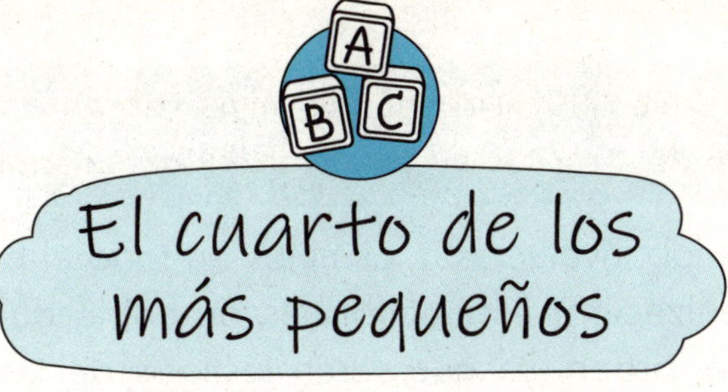

El cuarto de los más pequeños

Los adultos tenemos una casa con zonas establecidas para realizar diferentes actividades: la recámara, el estudio, la sala, etc. Los niños tienen todas esas zonas dentro de un solo espacio: su cuarto. Ellos son tan capaces como nosotros de mantener el orden en su habitación; el éxito lo conseguiremos estableciendo zonas claras y siguiendo los tips que te comparto a continuación.

1 Mis hijos no hacen caso a los hogares asignados para sus cosas.

TIP: cuando vayas a organizar el cuarto de un niño: híncate. Muchas veces, cuando estamos diseñando, adaptando u organizando un cuarto para niños, lo hacemos desde nuestra perspectiva como adultos. Cuando te hincas, te colocas a la altura del niño y logras ver su espacio como él lo vería. Esto lo aprendí con una clienta, quien había colocado unos ganchitos para que su hijo colgara la chamarra cada vez que llegara de la escuela. Pasaron semanas y ningún día lo logró. Me llamó frustrada para que la ayudara; en segundos me di cuenta de lo que sucedía: había puesto el ganchito a su nivel, no a la altura que necesitaba su hijo. Con la simple acción de bajarlo unos centímetros, logramos el objetivo de que el pequeño se encargara de ordenar sus pertenencias.

2

Me gustaría que mis hijos fueran parte del proceso de poner orden en su cuarto.

TIP: cuando involucras a los niños en todo el proceso de organización, es mucho más probable que mantengan el orden, ya que serán testigos del esfuerzo que implica llegar al resultado. Pídeles que sean tus asistentes al momento de organizar su cuarto; podrían ayudarte a revisar si los plumones todavía pintan, a sacarles punta a los colores o a acomodar sus zapatos por actividades.

3

No logro que mis hijos mantengan el orden en su cuarto.

TIP: crea un pizarrón de actividades para ellos. Escribe a manera de lista y en renglones todo lo que esperas que realicen para mantener el cuarto ordenado: tender la cama, colocar la ropa sucia en el cesto, llevar platos sucios a la cocina, colocar los juguetes en su lugar, etc. Cada vez que lo cumplan, obtendrán un punto; y cuando consigan una cantidad determinada de puntos, van a desbloquear una recompensa. Al observar un avance visual y saber que tendrán una recompensa por su esfuerzo, la probabilidad de que respondan de manera positiva será mayor, mientras que tú estarás fomentando hábitos de orden en ellos.

4

Mi hijo todavía no sabe leer, ¿cómo le hago para etiquetar las categorías de sus juguetes?

TIP: con los niños pequeños, los letreros no funcionan, pero los elementos gráficos sencillos sí. Busca imágenes en internet que representen cada categoría de juguetes e imprime dos iguales. Plastifica cada una de ellas y colócalas de la siguiente manera: una imagen en el contenedor (cajita, canasta, bolsa) y otra en el hogar (repisa, mueble, entrepaño). Ellos relacionarán el objeto que deben guardar con su contenedor al reconocer el objeto con la imagen del contenedor; lo mismo en caso de que tengan que tomar el contenedor completo para jugar, pues, gracias a la imagen del hogar, sabrán a dónde regresarlo.

5

Mi hijo está en la etapa de querer vestirse solo, pero cada vez que busca qué ponerse desordena el clóset por completo.

TIP: guarda su ropa por conjuntos, y no por categorías. Prepara *outfits* completos con todas las prendas necesarias: ropa interior, playera, pantalón y calcetines. Dales la forma de «rollito» y guárdalos en un organizador vertical colgante con compartimentos. Coloca el diseño de la playera por fuera para que tu hijo seleccione a simple vista su atuendo favorito. Así, cuando quiera vestirse, solamente tiene que elegir un «rollito», sin necesidad de revolver toda su ropa.

Centro de comando

¿De dónde salió?

Supe sobre la existencia del centro de comando o *command center* por un querido cliente, David. Él abrió su *board* de Pinterest y me dijo: «Quiero esto para la entrada de mi casa, ¿puedes diseñármelo?». Como a nada le digo que no, me puse a investigar al respecto, y quedé completamente enamorada del concepto. Lo primero que hice fue un levantamiento de todas sus necesidades; luego, con mis escasas habilidades de diseño, dibujé una propuesta con las medidas reales; por último, le mandé todo a Óscar, mi carpintero, y en dos semanas ya lo estábamos colocando en casa de mi cliente. ¡Lo amó! Años después, al regresar a su hogar, me emocionó ver que seguía usándolo y manteniéndolo en orden.

¿Qué es y para qué sirve?

Después de investigar, me enteré de que el centro de comando es muy común en las casas estadounidenses; su misión es centralizar y organizar la información y las herramientas involucradas en las rutinas diarias de un hogar. Puede encontrarse en la cocina, el comedor, la entrada o un pasillo; la idea es que sea una ubicación estratégica y accesible para quienes habitan esa casa, no importa si se trata de una familia, una pareja o personas que viven solas.

¿Cuáles son los beneficios de un centro de comando?

- Reduce el caos de comunicación al concentrar toda la información en un mismo lugar.
- Facilita el acceso a las cosas de uso diario, como llaves, recibos o cargadores, sin perder tiempo buscándolos.
- Mejora la armonía al fomentar una dinámica funcional y coordinada entre todos.
- Busca mantener bajo control esos pequeños detalles que a veces nos vuelven locos.
- Ayuda a conservar el orden y la organización general por más tiempo.

¿Cómo puedes crear tu centro de comando?

Incluye algunos, varios o todos los elementos que te comparto a continuación. Lo mejor es que puedes personalizarlo y producirlo tanto como lo desees: desde algo sencillo que armes con pizarrones, corchos, ganchos y organizadores para cargadores, hasta un mueble diseñado y fabricado a la medida por un carpintero, adaptándose perfectamente a tus necesidades y espacio. En cualquier caso, puede quedar divino y convertirse en el espacio favorito de tu casa.

- **Calendario** para agregar las citas, las actividades escolares, los eventos y las fechas importantes de la semana o el mes.
- ***To do list*** para visualizar todos esos pendientes que no puedes olvidar, como compras, trámites o pagos.

- **Organizador de correspondencia, bandeja de entrada o archivero** para agrupar las facturas, los recibos y los documentos importantes que entren a la casa.
- **Espacio de notas o recordatorios** para escribir mensajes rápidos y mantener una comunicación fluida dentro de la casa. Puede ser un pizarrón blanco o uno de corcho.
- **Zona para llaves y bolsa de mano o cartera** para no perder de vista esos elementos que siempre necesitamos antes de salir de la casa. Créala con ayuda de ganchos, canastas, portallaves o vaciabolsillos.
- **Planner semanal** para organizar las comidas, las actividades de la oficina o las rutinas diarias del mantenimiento del hogar.
- **Estación de carga** para cargar todos los electrónicos de la casa: celulares, tabletas, controles, baterías, etc. No olvides usar los organizadores de cables y cargadores e intenta, de preferencia, que estén ocultos.

Los ciclos del orden

LA VIDA ESTÁ HECHA DE CICLOS; MIENTRAS UNOS EMPIEZAN, OTROS TERMINAN. Cada uno de ellos nos ofrece algo único y especial, como el día y la noche, las estaciones del año, los amaneceres y los atardeceres, o las etapas de la vida: el nacimiento, la niñez, la juventud, la adultez y la vejez.

¡Lo único constante es el cambio! Si todo el tiempo hiciéramos lo mismo, nos aburriríamos, nos deprimiríamos, nos frustraríamos. ¿Por qué querríamos seguir ese camino? Los nuevos proyectos, sueños, hábitos y deseos nos motivan a vivir la vida con ilusión. Pero para abrir un ciclo debemos cerrar el otro, eso nos permite crecer y evolucionar nuestro nivel de conciencia.

¿Y por qué cerramos ciclos? Hay dos razones principales: porque el ciclo en el que estamos deja de atraernos o porque uno nuevo nos llama con fuerza. Si reflexionamos un poquito, podemos darnos cuenta de que esto aplica en todas las áreas de nuestra vida: una pareja, un *hobbie*, una amistad, un deporte, un trabajo, un proyecto, etcétera.

De la misma forma, puedes pensar en que el desorden es el ciclo que estás lista para cerrar, y una vida bonita y organizada, en la que experimentas el orden interna y externamente, es el ciclo que quieres abrir. ¿Cómo cerramos el viejo ciclo para darle la bienvenida al nuevo? Esa es una excelente pregunta. La respuesta que te doy a continuación es resultado de lo que hemos explorado juntas en este libro.

Primero, tienes que detectar con compasión, ligereza y hasta humor —¿recuerdas los perfiles desordenados?— por qué caíste en el ciclo del desorden. Piensa en todo lo que ese ciclo te dio, tanto lo negativo como lo positivo. Tal vez aprendiste que guardar cosas «por si acaso» te daba seguridad, o que eres tan creativa que acumulaste materiales para todas las manualidades que imaginabas hacer.

Después, date la oportunidad de reconocer que esa forma de vida ya no te funciona y que tienes total certeza de que quieres cerrar ese ciclo. Ya no quieres comprar cosas dobles, ya no quieres sentirte drenada por el desorden a tu alrededor, ya estás harta de no encontrar lo que necesitas en el momento que lo requieres, y vivir en caos no es el ejemplo que quieres darles a tus hijos, si los tienes, o a las personas a tu alrededor. Acude a la visión que diseñaste en la segunda parte de este libro cada vez que te sientas perdida, y recuerda el tiempo y la paz que estarás recuperando una vez que consigas el orden que sueñas.

Antes de aventurarte a abrir el nuevo ciclo de orden en tu vida, agradece lo que te llevó hasta ese punto. Tanto las experiencias negativas como las positivas del desorden son parte de quien eres. Ya que tienes claro lo que no quieres continuar ni repetir, es momento de honrar los aprendizajes, soltar el pasado y, como me dijo mi mami pocos días antes de partir, ¡abrir tus alas y volar!

Siempre que vuelvas a implementar La Metodología del O.R.D.E.N.® y los tips para crear un efecto Pinterest, no olvides ser amable y paciente contigo misma. Por muy mágico que parezca, organizar no es un proceso lineal ni perfecto, además implica tiempo, esfuerzo, inversión, enfoque y dedicación.

Tal vez ahora estés muy motivada, pero en algunas semanas la idea de modificar tus hábitos de consumo, organizar tu casa, enfocarte en tener más experiencias y menos cosas suene abrumadora y poco factible. O, por el contrario, lo intentarás con muchísima ilusión, siguiendo al pie de la letra los pasos, pero sin llegar al resultado esperado. O quizá logres el orden que visualizaste, pero sin mantenerlo por mucho tiempo... Tranquila, imaginemos que organizar tiene sus propios ciclos, ¡como las estaciones del año! Entenderlo de esta forma te dará dirección, paz y tranquilidad.

En la primavera estás emocionada porque por fin vas a recuperar el control de tus espacios y buscas entender cómo funciona la organización y las estrategias para implementarla y mantenerla. Lees este libro, buscas contenido en redes sociales y YouTube, ves documentales en Netflix, y a lo mejor comienzas a seguir la cuenta de organizARTE, así como a otras personas que te inspiran a mantener tu espacio organizado. Tienes unas ganas enormes de hacer algo con toda la inspiración que tienes acumulada: te imaginas tu clóset funcional con la ropa organizada por colores y en ganchos uniformes, sueñas con una alacena con frascos iguales y etiquetados, y visualizas tu estudio con todos los libros por tema. Este es el momento de sembrar con ilusión las semillas de tu nuevo estilo de vida.

En el verano, las semillas germinan y florecen gracias a tu compromiso y perseverancia. No esperes organizar toda tu casa en un fin de semana... ¡es un proceso! Y es en el verano donde entendemos que, para una transformación total, no es suficiente con la emoción de la primavera. Necesitas cuidar y regar tu proyecto. Quizá empieces organizando un clóset, y con toda la confianza que ya tienes en ti, te sigas con una habitación completa, luego con la sala, hasta llegar a la cocina. Notarás cómo has dejado de comprar y regalar cosas, y cómo te has enfocado en vivir y compartir más experiencias. Y estoy muy segura de que ya habrás inspirado a más de uno a tu alrededor para ponerle orden a su caos. En el verano, ¡lo damos todo!

Cuando hayas terminado el proyecto de recuperar el orden, estás lista para el otoño, mi estación favorita. Con tu casa organizada, tienes más tiempo para disfrutar de lo que te gusta, estás rodeada de cosas hermosas que amas y te hacen feliz, dominas los sistemas que tienes que seguir para mantener el orden... y ahora sí, ¡será el momento de gozar sin prisa y con una taza de tu bebida favorita lo que sembraste!

Hasta que llega el invierno, que nos invita a cerrar los ciclos que ya no nos funcionan y prepararnos para renacer. Esta es la oportunidad ideal para hacerte preguntas como: ¿Qué quiero para mí? ¿Qué es lo que realmente importa? ¿Qué aporta a mi vida? ¿En qué quiero invertir mi tiempo y con quién? ¿De qué puedo prescindir? La vida se trata de abrir ciclos y luego cerrarlos, porque cada invierno abre camino a una nueva primavera.

Si el cambio es lo único constante, ¡fluyamos con él! Recuerda que las cosas van y vienen, que algunas personas llegan y otras se despiden, que tú misma estás cambiando. Tu casa, como tú, ¡está en constante evolución! Es ese cuadro que elegiste con indecisión porque estabas descubriendo tu estilo de decoración; los vasos que se han roto en reuniones llenas de amigos, juegos y risas; el sillón sucio y con huellitas porque un nuevo integrante llegó a la familia; el clóset con menos espacio que simboliza el inicio de una vida en pareja; los cuartos vacíos porque tus hijos, que los disfrutaron muchísimo, también volaron; los libros por aquí y por allá porque ahora, que tienes más tiempo, amas leer en cada rincón.

Como sabes, muchas experiencias a lo largo de mi vida me han llevado a perderlo todo. Y aunque soltar me ha permitido darme cuenta de que mi foco ya no se centra únicamente en lo material, amo que existan recursos que nos ayuden a honrar las cosas que elegimos conservar, esas que agregan valor a nuestra esencia y a lo que creamos cada día. Por eso me alegra tanto que hayas llegado hasta aquí: ya cuentas con innumerables herramientas para que, sin importar lo que decidas mantener, lo organices de forma práctica, funcional y hermosa, sabiendo que las piezas en el exterior se moverán para que crezcas tanto como lo sueñes.

¡Fue un verdadero placer acompañarte en el viaje del orden y la organización! Gracias por tu disposición para aprender a transformar el caos en armonía. Deseo que cada transición en tu vida la atravieses honrando tu espacio y abrazando con ilusión la nueva historia que decidas escribir en él. Y, por supuesto, que las #experienciasnocosas sean tu brújula para vivir más bonito.

Agradecimientos

MA, TÚ ME ENSEÑASTE LA LIBERTAD Y EL DESAPEGO. Siempre alegre, iluminabas cada espacio. A pocas horas de tu partida, me dijiste: «Abre tus alas ¡y vuela!», y este libro es prueba de que lo hice. Te amo, mami, eres el viento que me impulsa.

Pa, nada de esto existiría sin ti. Fuiste quien creyó en mí y me apoyó cuando más perdida me sentía. Gracias por ser un papá tan presente y por estar en cada éxito, tropiezo y aprendizaje. Eres mi brújula. Te amo.

Mena y Ger, hermanos, son el mejor regalo que la vida me ha dado. Verlos crecer ha sido un privilegio. Gracias por su amor incondicional, por ser mi hombro en momentos duros y mis porristas en momentos de celebración. Los amo.

Patricio, Emilio y Lorenzo, nunca había sentido tanto amor por personitas tan pequeñas. Gracias por llenar mi vida de color, risas y aventuras. Verlos crecer con tanta alegría y asombro mantiene viva a mi niña interior. Sigan disfrutando y «viviendo su vida» ja, ja, ja. Los amo, chamaquitos.

Clau Padilla y Juampi, qué fortuna tenerlos como cuñados y compartir tantas experiencias juntos. Son como mis hermanos y siempre he sentido su apoyo, incluso aguantando mis dramas, ja ja. Gracias por estar ahí. Los amo, cuuuuuuu.

Annie, gracias por ser mi primera clienta y por todo lo que he aprendido de ti. Y gracias por acompañar a mi papá tantos años y por tu hospitalidad con nosotros siempre.

A mi gran familia, gracias por aguantar mis «*shows*» en cada reunión y por aplaudir mi chispa. Primero fui la viajera, luego la empresaria... ahora la autora. ¡Seguimos sumando adjetivos a esta aventura, pero siempre con mis raíces bien firmes! Los amo.

Vicky, casi tres décadas de amistad y has estado en todas mis etapas. Gracias por escucharme, contenerme en mis crisis (que no han sido pocas, ja, ja) y por esas cenas interminables de pláticas profundas... siempre con un buen vino elegido por ti. TQM.

Marie, de ser «la mejor amiga de mi mamá» te convertiste en una de mis más grandes amigas. Gracias por recordarme que lo más importante en esta vida es el amor incondicional. Te amo, tía.

Lau, llegaste para «contestar correos» y terminaste siendo el pilar de organizARTE y la Academia. Tú y los «pedacitos» se volvieron mi familia, mi soporte y el segundo hogar de Chai. Este libro existe porque confío plenamente en dejar mi empresa en tus manos cuando se requiere. ¡Mira hasta dónde hemos llegado juntas! Te amo con todo mi corazón. Y a ustedes también, pedacitos (Majito y Uli).

July, Mary Tere, Elvira y Mariana. Nadie entendería cómo el orden nos unió y ahora ¡no nos alcanzan las comidas de 12 horas! Los números hablan y sabemos que no estamos juntas por casualidad. Gracias por su amistad, ocurrencias, apoyo y hospitalidad. Las amo, tribu. ¡Somos el mejor equipo!, organizARTE es lo que es gracias a su talento, entrega, atención al detalle y los chistes en momentos de mucha presión.

A mis Fogoziness. Dicen que las amigas son la mejor terapia, y yo con ustedes me saqué la lotería. **Charms, Sofi, Tan, Den, Reno** y **Romi,** debrayar con ustedes es de mis mayores gozos. El apoyo incondicional que nos damos es un regalo del universo. ¡Gracias por escuchar mis audios infinitos y por abrazar mi lado vulnerable, intenso y sensible! Las amo.

¡Ni en mis más grandes sueños me imaginé siendo autora de Planeta! Gracias a mi editorial, y en especial a **Karina Macias,** por creer en mí. A mis editoras y cómplices literarias, **Tamara Cuevas** y **Raquel Torres,** gracias por su paciencia, cariño y por ponerle el corazón al libro. **Tam,** en especial, gracias por priorizar mi bienestar en 2023 y esperar a que estuviera lista. ¡Apreciaré ese gesto siempre! ¡Qué gran equipo somos! ¡Vamos por el siguiente libro!

A César y Lu, aunque nuestros caminos tomaron rumbos distintos, siempre los llevaré en el corazón. Gracias por ser parte de mi historia. Los quiero mucho.

Por las amigas que son inspiración. Todas han dejado huella en mí y han tocado mi alma de alguna forma: Güera, Gimena con G, Marisol, Bibi Nassar, Cachito, Regina Righi, Lau Prima, Carlita, Mariesther, Barbie, Blanca, Ceci Valdés, Abby, Dra. Karla Goñi, Janeth Paredes, Lili Volpi, Caro, Eva, Janet, Rocío Montoya, Martha Salamanca, Yani, Ana Manza, Ceci Oviedo, Tatiana Mestre, Sofi Moreno, Alejandra González Tostado, Andy y Naye de Zahír, Margot, Pau Martínez, Paty Fritsch, Anita Burgos, Mar Godoy, Marianita Belemlinsky, y Liz Gilbert. ¡Las quiero!

Mi querida Manolis, trabajar contigo ha sido un agasajo. Gracias por darles un *refresh* a mis redes y por compartir tu energía tan única. Tu sonrisa, amabilidad e inocencia me llenan el alma, y convivir contigo me hace feliz… como el *glitter* hace felices a los unicornios que vuelan debajo de los arcoíris. ¡Te amooooooo!

Anita Sárez, sabes que no doy paso sin huarache, y ese huarache has sido tú todos estos años. Gracias a tu paciencia, talento e inteligencia, mis empresas son lo que son hoy. ¡Y ya no odio los números! Ja, ja. Te quiero muchísimo, amiga.

Mich, un video tuyo me impactó tanto que quise trabajar contigo, sin imaginar que con el tiempo te convertirías en mi mejor amigo. Gracias por cuidarme y por estar detrás de la cámara en los momentos más importantes.

Óscar, por más de una década convirtiendo mis bocetos en muebles de ensueño. A los **Indiana Boyssssss,** siempre con la mejor actitud en cada mudanza. A **Luis Albarrán,** por hacer realidad las cajas de organizARTE. Y a **Santi** y todo el equipo de Spakio, por formar un gran equipo juntos.

A todas mis **Sin Modestia,** por inspirarme con sus éxitos y aprendizajes, y por tener la certeza de que juntas llegamos más lejos.

A toda **mi comunidad.** Ustedes son la manifestación de un sueño que tuve en 2015, cuando apenas comenzaba y me sentía sola en la industria. Soñé con una comunidad de mujeres unidas por la pasión al orden y la organización... ¡y aquí estamos! Gracias por confiar en mí para certificar su talento y construir emprendimientos sólidos. Estoy inmensamente orgullosa de lo que han logrado, y aún más agradecida por estar rodeada de tanto cariño y respeto. En especial, valoro que, más allá de ser mis alumnas, muchas se han convertido en grandes amigas.

A mis clientas y clientes. Gracias por su confianza, por permitirnos ser parte de su transformación y por abrirnos las puertas de su hogar. ¡Son parte fundamental de esta historia!

Martha Debayle, llegar a tu programa cambió mi vida: fue un antes y un después. Gracias por la confianza, el apoyo y la difusión por más de una década. ¡Y por abrirnos las puertas de tu casa! Gracias por tanto.

Marla Dee, escribirte ese correo fue de las mejores decisiones de mi vida. Gracias por enseñarme con tanto amor y generosidad las bases de la organización. Me siento orgullosa de ser tu alumna.

Iván, esa mudanza cambió mi destino para siempre. Fuiste la primera persona que vio en mí algo extraordinario, aunque para mí fuera «normal». Ese momento marcó un antes y un después en mi historia, y siempre te estaré agradecida por ser el catalizador de esta aventura.

Chai, cambiaste mi estructura y la idea de una casa perfecta por un hogar lleno de amor. Llegaste a complementar mi vida, mi querida bolita de pelos, te amo.

Mi Charms. La persona más influyente en mi vida en la última década. Mi vecina, compañera de aventuras, *Dream Buddy,* guía, mentora, tía de Chaicito, porrista #1 y la mejor amiga que la vida me pudo dar. Gracias a ti existen mis dos libros, y te estaré eternamente agradecida por eso. Y de paso, ¡gracias **Camerruchis** y **Don Charlie** por darle vida a la persona que cambió la mía!

Y, en especial, gracias a ti, que elegiste este libro y que con ello me diste el gran honor de entrar a tu hogar y ser parte de tu transformación. Espero inspirarte a organizar tu espacio y ponerle orden a tu caos.